LE BARBIER DE SÉVILLE,

OU

LA PRÉCAUTION INUTILE,

COMÉDIE

EN QUATRE ACTES;

DE BEAUMARCHAIS.

Représentée, pour la première fois à Paris, sur le Théâtre Français, le 23 Février 1775.

PRIX : 1 FRANC 50 C.

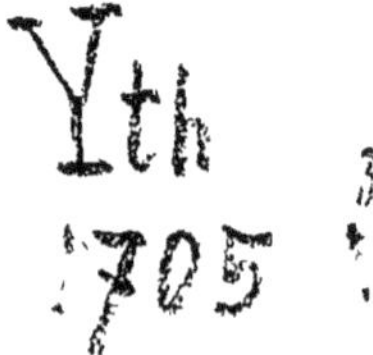

PARIS,

Chez FAGES, Libraire, au Magasin de Pièces de Théâtre, boulevard Saint-Martin, N.° 29, vis-à-vis la rue de Lancry.

1815.

PERSONNAGES.

LE COMTE ALMAVIVA, grand d'Espagne, amant inconnu de Rosine.

BARTHOLO, médecin, tuteur de Rosine.

ROSINE, jeune personne d'extraction noble, et pupille de Bartholo.

FIGARO, barbier de Séville.

DON BAZILE, organiste, maître à chanter de Rosine.

LA JEUNESSE, vieux domestique de Bartholo.

L'ÉVEILLÉ, autre valet de Bartholo.

UN NOTAIRE.

UN ALCADE, homme de justice.

Plusieurs alguazils et valets avec des flambeaux.

La Scène est à Séville, dans la rue et sous les fenêtres de Rosine, au premier acte; et le reste de la pièce dans la maison du docteur Bartholo.

LE BARBIER DE SÉVILLE.

ACTE PREMIER.

Le Théâtre représente une rue de Séville où toutes les croisées sont grillées.

SCÈNE PREMIÈRE.

LE COMTE, *seul, en grand manteau brun et chapeau rabattu. Il tire sa montre, en se promenant.*

Le jour est moins avancé que je ne croyais. L'heure à laquelle elle a coutume de se montrer derrière sa jalousie est encore éloignée. N'importe; il vaut mieux arriver trop tôt que de manquer l'instant de la voir. Si quelque aimable de la cour pouvait me deviner à cent lieues de Madrid, arrêté tous les matins sous les fenêtres d'une femme à qui je n'ai jamais parlé; il me prendrait pour un espagnol du temps d'Isabelle. -- Pourquoi non ? Chacun court après le bonheur. Il est pour moi dans le cœur de Rosine. -- Mais quoi ! suivre une femme à Séville, quand Madrid et la cour offrent de toutes parts des plaisirs si faciles ? -- Et c'est cela même que je fuis. Je suis las des conquêtes que l'intérêt, la convenance ou la vanité nous présentent sans cesse. Il est si doux d'être aimé pour soi-même ! et si je pouvais m'assurer sous ce déguisement.... Au diable l'importun.

SCÈNE II.

FIGARO, LE COMTE *caché.*

FIGARO, *une guitare sur le dos attachée en bandoulière avec un large ruban; il chantonne gaiement, un papier et un crayon à la main.*

Bannissons le chagrin,
Il nous consume :
Sans le feu du bon vin,
Qui nous rallume,
Réduit à languir,
L'homme sans plaisir
Vivrait comme un sot,
Et mourrait bientôt.

Jusques-là, ceci ne va pas mal, ein, ein.

Et mourrait bientôt.
Le vin et la paresse
Se disputent mon cœur.

Et non! ils ne se le disputent pas, il y règnent paisiblement ensemble....

Se partagent.... mon cœur.

Dit-on, se partagent?... Eh! mon dieu, nos faiseurs d'opéra-Comiques n'y regardent pas de si près. Aujourd'hui, ce qui ne vaut pas la peine d'être dit, on le chante.

Le vin et la paresse.
Se partagent mon cœur.

Je voudrais finir par quelque chose de beau, de brillant, de scintillant, qui eût l'air d'une pensée.

Il met un genou en terre et écrit en chantant.

Se partagent mon cœur.
Si l'une a ma tendresse....
L'autre fait mon bonheur.

Fi donc! c'est plat. Ce n'est pas ça.... Il me faut une opposition, une antithèse :

Si l'une.... est ma maîtresse,
L'autre....

Et parbleu j'y suis . . . .

L'autre est mon serviteur.

Fort bien, Figaro!... *Il écrit en chantant.*

Le vin et la paresse
Se partagent mon cœur;
Si l'une est ma maîtresse,
L'autre est mon serviteur.
L'autre est mon serviteur.
L'autre est mon serviteur.

Hen, hen, quand il y aura des accompagnemens là-dessous, nous verrons encore, messieurs de la cabale, si je ne sais ce que je dis. *Il aperçoit le comte.* J'ai vu cet abbé-là quelque part. *Il se relève.*

LE COMTE, *à part.*

Cet homme ne m'est pas inconnu.

FIGARO.

Et non, ce n'est pas un abbé! Cet air altier et noble....

LE COMTE.

Cette tournure grotesque....

FIGARO.

Je ne me trompe point: c'est le comte Almaviva.

LE COMTE.

Je crois que c'est ce coquin de Figaro.

FIGARO.

C'est lui-même, monseigneur.

LE COMTE.

Maraud! si tu dis un mot . . . .

FIGARO.

Oui, je vous reconnais; voilà les bontés familières dont vous m'avez toujours honoré.

LE COMTE.

Je ne te reconnaissais pas, moi. Te voilà si gros et si gras....

FIGARO.

Que voulez-vous, monseigneur, c'est la misère.

LE COMTE.

Pauvre petit! Mais que fais-tu à Séville? Je t'avais autrefois recommandé dans les bureaux pour un emploi.

FIGARO.

Je l'ai obtenu, monseigneur, et ma reconnaissance....

LE COMTE.

Appelle-moi Lindor. Ne vois-tu pas à mon déguisement que je veux être inconnu?

FIGARO.

Je me retire.

LE COMTE.

Au contraire. J'attends ici quelque chose; et deux hommes qui jasent sont moins suspects qu'un seul qui se promène. Ayons l'air de jaser. Eh bien cet emploi?

FIGARO.

Le ministre ayant égard à la recommandation de votre Excellence, me fit nommer sur-le-champ garçon apothicaire.

LE COMTE.

Dans les hôpitaux de l'armée.

FIGARO.

Non, dans les haras d'Andalousie.

LE COMTE, *riant.*

Beau début.

FIGARO.

Le poste n'était pas mauvais; parce qu'ayant le district des pansemens et des drogues, je vendais souvent aux hommes de bonnes médecines de cheval....

LE COMTE.

Qui tuaient les sujets du roi!

FIGARO.

Ah! ah, il n'y a point de remède universel: mais qui n'ont pas laissé de guérir quelquefois des Galiciens, des Catalans, des Auvergnats.

LE COMTE.

Pourquoi donc l'as-tu quitté.

FIGARO.

Quitté? C'est bien lui-même; on m'a desservi auprès des puissances. L'envie aux doigts crochus, au teint pâle et livide....

LE COMTE.

Oh, grâce, grâce, ami! Est-ce que tu fais aussi des vers? je t'ai vu là griffonnant sur ton genou, et chantant dès le matin.

FIGARO.

Voilà précisément la cause de mon malheur, Excellence. Quand on a rapporté au ministre que je faisais, je puis dire, assez joliment, des bouquets à Cloris, que j'envoyais des énigmes aux journaux, qu'il courait des madrigaux de ma façon : en un mot, quand il a su que j'étais imprimé tout vif, il a pris la chose au tragique, et m'a fait ôter mon emploi, sous prétexte que l'amour des lettres est incompatible avec l'esprit des affaires.

LE COMTE.

Puissamment raisonner. Et tu ne lui fis pas représenter....

FIGARO.

Je me crus trop heureux d'en être oublié; persuadé qu'un Grand nous fait assez de bien, quand il ne nous fait pas de mal.

LE COMTE.

Tu ne dis pas tout. Je me souviens qu'à mon service tu étais un assez mauvais sujet.

FIGARO.

Eh mon dieu, monseigneur, c'est qu'on veut que le pauvre soit sans défaut.

LE COMTE.

Paresseux, dérangé . . . .

FIGARO.

Aux vertus qu'on exige dans un domestique, votre Excellence connaît-elle beaucoup de maîtres qui fussent dignes d'être valets,

LE COMTE, *riant.*

Pas mal! et tu t'es retiré en cette ville?

FIGARO.

Non pas tout de suite.

LE COMTE, *l'arrêtant.*

Un moment.... J'ai cru que c'était elle.... Dis toujours, je t'entends de reste.

FIGARO.

De retour à Madrid, je voulus essayer de nouveau mes talens littéraires et le théâtre me parut un champ d'honneur....

LE COMTE.

Ah, miséricorde.

FIGARO.

Pendant sa réplique, le comte regarde avec attention du côté de la jalousie.

En vérité, je ne sais comment je n'eus pas le plus grand succès : car j'avais rempli le parterre des plus excellens travailleurs; des mains.. comme des battoirs; j'avais interdit les gants, les cannes, tout ce qui ne produit que des applaudissemens sourds; et d'honneur, avant la pièce, le café m'avait paru dans les meilleures dispositions pour moi. Mais les efforts de la cabale....

LE COMTE.

Ah! la cabale! monsieur l'auteur tombé.

FIGARO.

Tout comme un autre : pourquoi pas? Ils m'ont sifflé; mais si jamais je puis les rassembler ...

LE COMTE.

L'ennui te vengera bien d'eux ?

FIGARO.

Ah! comme je leur en garde! Morbleu!

LE COMTE.

Tu jures! sais-tu qu'on n'a que vingt-quatre heures au Palais pour maudire ses juges ?

FIGARO.

On a vingt-quatre ans au théâtre; la vie est trop courte pour user un pareil ressentiment.

LE COMTE.

Ta joyeuse colère me réjouit. Mais tu ne me dis pas ce qui t'a fait quitter Madrid.

FIGARO.

C'est mon bon ange, Excellence, puisque je suis assez heureux pour retrouver mon ancien maître. Voyant à Madrid que la république des lettres était celle des loups, toujours armés les uns contre les autres, et que livrés au mépris où ce risible acharnement les conduit, tous les insectes, les moustiques, les cousins, les critiques, les maringouins, les envieux, les feuillistes, les libraires, les censeurs, et tout ce qui s'attache à la peau des malheureux gens de lettres, achevait de chiqueter et sucer le peu de substance qui leur restait; fatigué d'écrire, ennuyé de moi, dégoûté des autres, abîmé de dettes et léger d'argent; à la fin convaincu que l'utile revenu du rasoir est préférable aux vains honneurs de la plume, j'ai quitté Madrid; et, mon bagage en sautoir, parcourant philosophiquement les deux Castilles, la Manche, l'Estramadoure, la Sierra-Morena, l'Andalousie; accueilli dans une ville, emprisonné dans l'autre, et partout supérieur aux évènemens; loué par ceux-ci, blâmé par ceux-là; aidant au bon temps, supportant le mauvais; me moquant des sots, bravant les méchans; riant de ma misère et faisant la barbe à tout le monde; vous me voyez enfin établi dans Séville, et prêt à servir de nouveau votre Excellence en tout ce qu'il lui plaira m'ordonner.

LE COMTE.

Qui t'a donné une philosophie aussi gaie?

FIGARO.

L'habitude du malheur. Je me presse de rire de tout, de peur d'être obligé d'en pleurer. Que regardez-vous donc toujours de ce côté?

LE COMTE.

Sauvons-nous.

FIGARO.

Pourquoi ?

LE COMTE.

Viens donc, malheureux! tu me perds. (*Ils se cachent.*)

SCÈNE III.

BARTHOLO, ROSINE ; *la jalousie du premier étage s'ouvre, Bartholo et Rosine se mettent à la fenêtre.*

ROSINE.

Comme le grand air fait plaisir à respirer! Cette jalousie s'ouvre si rarement!...

BARTHOLO.

Quel papier tenez-vous là ?

ROSINE.

Ce sont des couplets de la précaution inutile que mon maître à chanter m'a donnés hier.

BARTHOLO.

Qu'est-ce que la précaution inutile ?

ROSINE.

C'est une comédie nouvelle.

BARTHOLO.

Quelque drame encore ! Quelque sottise d'un nouveau genre !

ROSINE.

Je n'en sais rien.

BARTHOLO.

Euh ! euh ! les journaux et l'autorité nous en feront raison. Siècle barbare !

ROSINE.

Vous injuriez toujours notre pauvre siècle.

BARTHOLO.

Pardon de la liberté ; qu'a-t-il produit pour qu'on le loue ? Sottise de toute espèce : la liberté de penser, l'attraction, l'électricité, le tolérantisme, l'inoculation, le quinquina, l'encyclopédie, et les drames....

ROSINE, *le papier lui échappe et tombe dans la rue.*

Ah ! ma chanson, ma chanson est tombée en vous écoutant ; courez, courez donc, monsieur ; ma chanson, elle sera perdue.

BARTHOLO.

Que diable aussi, l'on tient ce qu'on tient.

(*Il quitte le balcon.*)

ROSINE, *regarde en dedans et fait signe dans la rue.*

S't, s't (*le comte paraît*) ramassez vite et sauvez-vous.
(*Le comte ne fait qu'un saut, ramasse le papier et rentre.*)

BARTHOLO *sort de la maison et cherche.*

Où donc est-il ? je ne vois rien.

ROSINE.

Sous le balcon, au pied du mur.

BARTHOLO.

Vous me donnez-là une jolie commission ! il est donc passé quelqu'un ?

ROSINE.

Je n'ai vu personne.

BARTHOLO, *à lui-même.*

Et moi qui ai la bonté de chercher.... Bartholo, vous n'êtes qu'un sot, mon ami : ceci doit vous apprendre à ne jamais ouvrir de jalousie sur la rue. (*Il rentre.*)

ROSINE, *toujours au balcon.*

Mon excuse est dans mon malheur : seule, enfermée, en butte à la persécution d'un homme odieux ; est-ce un crime de tenter à sortir d'esclavage ?

BARTHOLO *paraissant au balcon.*

Rentrez, Signora ; c'est ma faute si vous avez perdu votre chanson ; mais ce malheur ne vous arrivera plus, je vous jure. (*Il ferme la jalousie à la clef.*)

SCÈNE IV.

LE COMTE, FIGARO ; *ils entrent avec précaution.*

LE COMTE.

A présent qu'ils sont retirés, examinons cette chanson, dans laquelle un mystère est sûrement renfermé. C'est un billet !

FIGARO.

Il demandait ce que c'est que la précaution inutile !

LE COMTE *lit vivement.*

« Votre empressement excite ma curiosité ; sitôt que mon
» tuteur sera sorti, chantez indifféremment sur l'air connu
» de ses couplets, quelque chose qui m'apprenne enfin le
» nom, l'état et les intentions de celui qui paraît s'attacher
» si obstinément à l'infortunée Rosine. »

FIGARO *contrefaisant la voix de Rosine.*

Ma chanson, ma chanson est tombée ; courez, courez donc. (*Il rit.*) Ah, ah, ah, ah, oh ces femmes ! voulez-vous donner de l'adresse à la plus ingénue ? enfermez-la.

LE COMTE.

Ma chère Rosine !

FIGARO.

Monseigneur, je ne suis plus en peine des motifs de votre mascarade, vous faites ici l'amour en perspective.

LE COMTE.

Te voilà instruit ; mais si tu jases....

FIGARO.

Moi, jaser! je n'emploierai point pour vous rassurer les grandes phrases d'honneur et de dévouement dont on abuse à la journée; je n'ai qu'un mot: mon intérêt vous répond de moi; pesez tout à cette balance, et...

LE COMTE.

Fort bien. Apprends donc que le hasard m'a fait rencontrer au Prado, il y a six mois, une jeune personne d'une beauté!... Tu viens de la voir. Je l'ai fait chercher en vain partout Madrid. Ce n'est que depuis peu de jours que j'ai découvert qu'elle s'appelle Rosine, est d'un sang noble, orpheline et mariée à un vieux médecin de cette ville, nommé Bartholo.

FIGARO.

Joli oiseau, ma foi! difficile à dénicher! Mais qui vous a dit qu'elle était femme du docteur?

LE COMTE.

Tout le monde.

FIGARO.

C'est une histoire qu'il a forgée en arrivant de Madrid, pour donner le change aux galans et les écarter; elle n'est encore que sa pupille, mais bientôt....

LE COMTE, *vivement.*

Jamais. Ah quelle nouvelle! J'étais résolu de tout oser pour lui présenter mes regrets; et je la trouve libre! il n'y a pas un moment à perdre, il faut m'en faire aimer, et l'arracher à l'indigne engagement qu'on lui destine. Tu connais donc ce tuteur?

FIGARO.

Comme ma mère.

LE COMTE.

Quel homme est-ce?

FIGARO, *vivement.*

C'est un beau, gros, court, jeune vieillard, gris pommelé, rusé, rasé, blâsé, qui guette et furète, et gronde et geint tout-à-la-fois.

LE COMTE, *impatienté.*

Eh! je l'ai vu. Son caractère?

FIGARO.

Brutal, avare, amoureux et jaloux à l'excès de sa pupille, qui le hait à la mort.

LE COMTE.

Ainsi, ses moyens de plaire sont....

FIGARO.

Nuls.

LE CMT E.

Tant mieux. Sa probité...

FIGARO.

Tout juste autant qu'il en faut pour n'être point pendu.

LE COMTE.

Tant mieux. Punir un fripon en se rendant heureux...

FIGARO.

C'est faire à-la-fois le bien public et particulier : chef-d'œuvre de morale, en vérité, monseigneur!

LE COMTE.

Tu dis que la crainte des galans lui fait fermer sa porte ?

FIGARO.

A tout le monde : s'il pouvait la calfeutrer....

LE COMTE.

Ah ! diable, tant pis. Aurais-tu de l'accès chez lui ?

FIGARO.

Si j'en ai ; 1.° la maison que j'occupe appartient au docteur qui m'y loge gratis.

LE COMTE.

Ah, ah!

FIGARO.

Oui. Et moi en reconnaissance, je lui promets dix pistoles d'or par an, gratis aussi.

LE COMTE, *impatienté.*

Tu es son locataire ?

FIGARO.

De plus, son barbier, son chirurgien, son apothicaire; il ne se donne pas dans sa maison un coup de rasoir, de lancette ou de piston, qui ne soit de la main de votre serviteur.

LE COMTE *l'embrasse.*

Ah! Figaro, mon ami, tu seras mon ange, mon libérateur, mon dieu tutélaire.

FIGARO.

Peste ! comme l'utilité vous a bientôt rapproché les distances ! parlez-moi des gens passionnés.

LE COMTE.

Heureux Figaro ! tu vas voir ma Rosine! tu vas la voir! Conçois-tu ton bonheur !

FIGARO.

C'est bien là un propos d'amant! Est-ce que je l'adore moi? Puissiez-vous prendre ma place !

LE COMTE.

Ah ! si l'on pouvait écarter tous les surveillans !

FIGARO.

C'est à quoi je rêvais.

LE COMTE.

Pour douze heures seulement.

FIGARO.

En occupant les gens de leur propre intérêt, on les empêche de nuire à l'intérêt d'autrui.

LE COMTE.

Sans doute. Eh bien ?

FIGARO, *rêvant.*

Je cherche dans ma tête si la pharmacie ne fournirait pas quelques petits moyens innocens...

LE COMTE.

Scélérat !

FIGARO.

Est-ce que je veux leur nuire ? Ils ont tous besoin de mon ministère. Il ne s'agit que de les traiter ensemble.

LE COMTE.

Mais ce médecin peut prendre un soupçon.

FIGARO.

Il faut marcher si vite, que le soupçon n'ait pas le temps de naître ; il me vient une idée. Le régiment de Royal-Infant arrive en cette ville.

LE COMTE.

Le colonel est de mes amis.

FIGARO.

Bon. Présentez-vous chez le docteur en habit de cavalier, avec un billet de logement ; il faudra bien qu'il vous héberge, et moi, je me charge du reste.

LE COMTE.

Excellent !

FIGARO.

Il ne serait même pas mal que vous eussiez l'air entre deux vins....

LE COMTE.

A quoi bon ?

FIGARO.

Et le mener un peu lestement sous cette apparence déraisonnable.

LE COMTE.

A quoi bon ?

FIGARO.

Pour qu'il ne prenne aucun ombrage, et vous croie plus pressé de dormir que d'intriguer chez lui.

LE COMTE.

Supérieurement vu ! Mais que n'y vas-tu, toi ?

FIGARO.

Ah oui, moi ! Nous serons bienheureux s'il ne vous reconnaît pas, vous, qu'il n'a jamais vu. Et comment vous introduire après ?

LE COMTE.

Tu as raison.

FIGARO.

C'est que vous ne pourrez peut-être pas soutenir ce personnage difficile. Cavalier... pris de vin...

LE COMTE.

Tu te moques de moi (*prenant un ton ivre.*) N'est-ce point ici la maison du docteur Bartholo, mon ami?

FIGARO.

Pas mal, en vérité; vos jambes seulement un peu plus avinées. (*D'un ton plus ivre.*) N'est-ce pas ici la maison....

LE COMTE.

Fi donc! tu as l'ivresse du peuple.

FIGARO.

C'est la bonne; c'est celle du plaisir.

LE COMTE.

La porte s'ouvre.

FIGARO.

C'est notre homme : éloignons-nous jusqu'à ce qu'il soit parti.

SCÈNE V.

LE COMTE ET FIGARO *cachés*, BARTHOLO.

BARTHOLO *sort, en parlant à la maison.*

Je reviens à l'instant; qu'on ne laisse entrer personne. Quelle sottise à moi d'être descendu! dès qu'elle m'en priait, je devais bien me douter... Et Bazile qui ne vient pas; il devait tout arranger pour que mon mariage se fît secrètement demain : et point de nouvelles; allons voir ce qui peut l'arrêter.

SCÈNE VI.

LE COMTE, FIGARO.

LE COMTE.

Qu'ai-je entendu? demain il épouse Rosine en secret.

FIGARO.

Monseigneur, la difficulté de réussir ne fait qu'ajouter à la nécessité d'entreprendre.

LE COMTE.

Quel est donc ce Bazile qui se mêle de son mariage?

FIGARO.

Un pauvre hère qui montre la musique à sa pupille, infatué de son art, friponneau, besogneux, à genoux devant un écu, et dont il sera facile de venir à bout. Monseigneur.... (*regardant à la jalousie.*) La v'là, la v'là.

LE COMTE.

Qui donc?

FIGARO.

Derrière sa jalousie, la voilà, la voilà. Ne regardez pas, ne regardez donc pas.

LE COMTE.

Pourquoi?

FIGARO.

Ne vous écrit-elle pas : *chantez indifféremment ?* c'est-à-dire, chantez comme si vous chantiez... seulement pour chanter. Oh! la v'là, la v'là.

LE COMTE.

Puisque j'ai commencé à l'intéresser sans être connu d'elle, ne quittons point le nom de Lindor que j'ai pris ; mon triomphe en aura plus de charmes. (*Il déploie le papier que Rosine a jeté.*) Mais comment chanter sur cette musique ? Je ne sais pas faire de vers, moi.

FIGARO.

Tout ce qui vous viendra, monseigneur, est excellent ; en amour, le cœur n'est pas difficile sur les productions de l'esprit.... et prenez ma guitarre.

LE COMTE.

Que veux-tu que j'en fasse ? j'en joue si mal!

FIGARO.

Est-ce qu'un homme comme vous ignore quelque chose ? avec le dos de la main ; from, from, from.... chanter sans guitarre à Séville ! vous seriez bientôt reconnu, ma foi, bientôt dépisté. (*Figaro se colle au mur sous le balcon.*)

LE COMTE *chante en s'accompagnant sur sa guitarre.*

Vous l'ordonnez, je me ferai connaître ;
Plus inconnu, j'osais vous adorer :
En me nommant, que pourrais-je espérer ?
N'importe, il faut obéir à son maître.

FIGARO, *bas.*

Fort bien, parbleu ! Courage, monseigneur.

LE COMTE.

Je suis Lindor, ma naissance est commune ;
Mes vœux sont ceux d'un simple bachelier.
Que n'ai-je, hélas ! d'un brillant chevalier,
A vous offrir le rang et la fortune.

FIGARO.

Eh comment diable ! je ne ferais pas mieux, moi qui m'en pique.

LE COMTE.

Tous les matins, ici d'une voix tendre
Je chanterai mon amour sans espoir ;
Je bornerai mes plaisirs à vous voir ;
Et puissiez-vous en trouver à m'entendre.

FIGARO.

Oh ma foi ! pour celui-ci !.... (*Il s'approche et baise le bas de l'habit de son maître.*)

LE COMTE.

Figaro.

FIGARO.

Excellence ?

LE COMTE.

Crois-tu que l'on m'ait entendu?

ROSINE, *en dedans, chante.*

AIR : *du maître en droit.*

Tout me dit que Lindor est charmant,
Que je dois l'aimer constamment.

On entend une croisée qui se ferme avec bruit.

FIGARO.

Croyez-vous qu'on vous ait entendu cette fois?

LE COMTE.

Elle a fermé sa fenêtre; quelqu'un apparemment est entré chez elle.

FIGARO.

Ah, la pauvre petite! comme elle tremble en chantant! elle est prise, monseigneur.

LE COMTE.

Elle se sert du moyen qu'elle-même a indiqué. *Tout me dit que Lindor est charmant.* Que de grâces! que d'esprit!

FIGARO.

Que de ruse! que d'amour!

LE COMTE.

Crois-tu qu'elle se donne à moi, Figaro?

FIGARO.

Elle passera plutôt à travers cette jalousie que d'y manquer.

LE COMTE.

C'en est fait, je suis à ma Rosine... pour la vie.

FIGARO.

Vous oubliez, monseigneur, qu'elle ne vous entend plus.

LE COMTE.

Monsieur Figaro, je n'ai qu'un mot à vous dire : elle sera ma femme; et si vous servez bien mon projet en lui cachant mon nom... Tu m'entends, tu me connais.

FIGARO.

Je me rends. Allons, Figaro, vole à la fortune, mon fils.

LE COMTE.

Retirons-nous, crainte de nous rendre suspects.

FIGARO, *vivement.*

Moi, j'entre ici, où, par la force de mon art, je vais, d'un seul coup de baguette, endormir la vigilance, éveiller l'amour, égarer la jalousie, fourvoyer l'intrigue, et renverser tous les obstacles. Vous, monseigneur, chez moi, l'habit de soldat, le billet de logement, et de l'or dans vos poches.

LE COMTE.

Pour qui de l'or?

FIGARO, *vivement.*

De l'or, mon dieu, de l'or : c'est le nerf de l'intrigue.

LE COMTE.

Ne te fâche pas, Figaro, j'en prendrai beaucoup.

FIGARO.

Je vous rejoins dans peu.

LE COMTE.

Figaro ?

FIGARO.

Qu'est-ce que c'est ?

LE COMTE.

Et ta guitarre ?

FIGARO, *revient.*

J'oublie ma guitarre ! moi! je suis donc fou! (*Il s'en va.*)

LE COMTE.

Et ta demeure, étourdi ?

FIGARO, *revient.*

Ah! réellement je suis frappé ! — Ma boutique à quatre pas d'ici, peinte en bleu, vitrage en plomb, trois palettes en l'air, l'œil dans la main. *Consilio manuque*, FIGARO. (*Il s'enfuit.*)

Fin du premier acte.

ACTE II.

Le théâtre représente l'appartement de Rosine; la croisée, dans le fond du théâtre, est fermée par une jalousie grillée.

SCÈNE PREMIÈRE.

ROSINE, *seule, un bougeoir à la main. Elle prend du papier sur une table et se met à écrire.*

Marceline est malade ; tous les gens sont occupés, et personne ne me voit écrire. Je ne sais si ces murs ont des yeux et des oreilles, ou si mon Argus a un génie malfaisant qui l'instruit à point nommé ; mais je ne puis dire un mot, ni faire un pas, dont il ne devine sur-le-champ l'intention.... Ah ! Lindor! (*Elle cachète la lettre.*) Fermons toujours ma lettre, quoique j'ignore quand et comment je pourrai la lui faire tenir. Je l'ai vu à travers ma jalousie parler long-temps au Barbier Figaro. C'est un bon homme qui m'a montré quelquefois de la pitié ; si je pouvais l'entretenir un moment.

SCÈNE II.

ROSINE, FIGARO.

ROSINE, *surprise.*

Ah ! M. Figaro, que je suis aise de vous voir!

FIGARO.

Votre santé, madame ?

ROSINE.

Pas trop bonne, M. Figaro. L'ennui me tue.

FIGARO.

Je le crois; il n'engraisse que les sots.

ROSINE.

Avec qui parliez-vous donc là-bas si vivement? je n'entendais pas : mais....

FIGARO.

Avec un jeune bachelier de mes parens, de la plus grande espérance; plein d'esprit, de sentimens, de talens, et d'une figure fort revenante.

ROSINE.

Oh, tout-à-fait bien, je vous assure! il se nomme?...

FIGARO.

Lindor. Il n'a rien; mais, s'il n'eût pas quitté brusquement Madrid, il pouvait y trouver quelque bonne place.

ROSINE, *étourdiment.*

Il en trouvera, M. Figaro, il en trouvera. Un jeune homme te que vous le dépeignez, n'est pas fait pour rester inconnu.

FIGARO, *à part.*

Fort bien. (*Haut.*) Mais il a un grand défaut qui nuira toujours à son avancement.

ROSINE.

Un défaut, M. Figaro! un défaut! en êtes-vous bien sûr?

FIGARO.

Il est amoureux

ROSINE.

Il est amoureux! et vous appelez cela un défaut?

FIGARO.

A la vérité, ce n'en est un que relativement à sa mauvaise fortune.

ROSINE.

Ah! que le sort est injuste! et nomme-t-il la personne qu'il aime? Je suis d'une curiosité!

FIGARO.

Vous êtes la dernière, madame, à qui je voudrais faire une confidence de cette nature.

ROSINE, *vivement.*

Pourquoi, M. Figaro? je suis discrète; ce jeune homme vous appartient, il m'intéresse infiniment... dites donc.

FIGARO, *la regardant finement.*

Figurez-vous la plus jolie petite mignone, douce, tendre, accorte et fraîche, agaçant l'appétit, pied furtif, taille droite, élancée, bras dodus, bouche rosée, et des mains! des joues! des dents! des yeux....

ROSINE.

Qui reste en cette ville?

FIGARO.

En ce quartier

ROSINE.

Dans cette rue peut-être ?

FIGARO.

A deux pas de moi.

ROSINE.

Ah ! que c'est charmant.... pour monsieur votre parent. Et cette personne est ?....

FIGARO.

Je ne l'ai pas nommée ?

ROSINE, *vivement.*

C'est la seule chose que vous ayez oubliée, monsieur Figaro. Dites donc, dites donc vîte ; si l'on rentrait, je ne pourrais plus savoir....

FIGARO.

Vous le voulez absolument, madame ? Eh bien ! cette personne est.... la pupille de votre tuteur.

ROSINE.

La pupille ?

FIGARO.

Du docteur Bartholo : oui, madame.

ROSINE, *avec émotion.*

Ah ! monsieur Figaro !... je ne vous crois pas, je vous assure.

FIGARO.

Et c'est ce qu'il brûle de venir vous persuader lui-même.

ROSINE.

Vous me faites trembler, monsieur Figaro.

FIGARO.

Fi donc, trembler ! mauvais calcul, madame ; quand on cède à la peur du mal, on ressent déjà le mal de la peur. D'ailleurs, je viens de vous débarrasser de tous vos surveillans jusqu'à demain.

ROSINE.

S'il m'aime, il doit me le prouver, en restant absolument tranquille.

FIGARO.

Eh ! madame, amour et repos peuvent-ils habiter en même cœur ? La pauvre jeunesse est si malheureuse.. aujourd'hui, qu'elle n'a que ce terrible choix : amour sans repos, ou repos sans amour.

ROSINE, *baissant les yeux.*

Repos sans amour.... paraît....

FIGARO.

Ah ! bien languissant. Il semble, en effet, qu'amour sans repos se présente de meilleure grâce ; et pour moi, si j'étais femme....

ROSINE, *avec embarras.*

Il est certain qu'une jeune personne ne peut empêcher un honnête homme de l'estimer.

FIGARO.

Aussi mon parent vous estime-t-il infiniment.

ROSINE.

Mais s'il allait faire quelque imprudence, monsieur Figaro, il nous perdrait.

FIGARO, *à part.*

Il nous perdrait. (*Haut.*) Si vous le lui défendiez expressément par une petite lettre.... Une lettre a bien du pouvoir.

ROSINE *lui donne la lettre qu'elle vient d'écrire.*

Je n'ai pas le temps de recommencer celle-ci; mais en la lui donnant, dites-lui. . dites-lui bien. (*Elle écoute.*)

FIGARO.

Personne, madame.

ROSINE.

Que c'est par pure amitié tout ce que je fais.

FIGARO.

Cela parle de soi. Tudieu! l'amour a bien une autre allure.

ROSINE.

Que par pure amitié, entendez-vous? Je crains seulement que rebuté par les difficultés....

FIGARO.

Oui, quelque feu follet. Souvenez-vous, madame, que le vent qui éteint une lumière, allume un brasier, et que nous sommes ce brasier-là. D'en parler seulement, il exhale un tel feu qu'il m'a presque enfiévré de sa passion, moi qui n'y ai que voir!

ROSINE.

Dieux! j'entends mon tuteur. S'il vous trouvait ici ... Passez par le cabinet du clavecin, et descendez le plus doucement que vous pourrez.

FIGARO.

Soyez tranquille. (*A part, montrant la lettre.*) Voici qui vaut mieux que toutes mes observations. (*Il entre dans le cabinet.*)

ROSINE, *seule.*

Je meurs d'inquiétude jusqu'à ce qu'il soit dehors.... que je l'aime ce bon Figaro, c'est un bien honnête homme, un bon parent... Ah! voilà mon tyran; reprenons mon ouvrage. (*Elle souffle la bougie, s'assied, et reprend une broderie au tambour.*)

SCÈNE III.

BARTHOLO, ROSINE.

BARTHOLO, *en colère.*

Ah! malédiction! l'enragé, le scélérat, corsaire de Figaro! Là, peut-on sortir un moment de chez soi, sans être sûr en rentrant....

ROSINE.

Qui vous met donc si fort en colère, monsieur?

BARTHOLO.

Ce damné barbier qui vient d'écloper toute ma maison en un tour de main; il donne un narcotique à l'Éveillé, un sternutatoire à la Jeunesse; il saigne au pied Marceline: il n'y a pas jusqu'à ma mule.. sur les yeux d'une pauvre bête aveugle, un cataplasme! Parce qu'il me doit cent écus, il se presse de faire des mémoires. Ah! qu'il les apporte! et personne à l'anti-chambre; on arrive à cet appartement comme à la place d'armes.

ROSINE.

Et qui peut y pénétrer que vous, monsieur?

BARTHOLO.

J'aime mieux craindre sans sujet, que de m'exposer sans précaution; tout est plein de gens entreprenans, d'audacieux. N'a-t-on pas ce matin encore ramassé lestement votre chanson, pendant que j'allais la chercher? oh! je....

ROSINE.

C'est bien mettre à plaisir de l'importance à tout! le vent peut avoir éloigné ce papier, le premier venu.... que sais-je?

BARTHOLO.

Le vent, le premier venu! il n'y a point de vent, madame, point de premier venu dans le monde; et c'est toujours quelqu'un posté là exprès, qui ramasse les papiers qu'une femme a l'air de laisser tomber par mégarde.

ROSINE

A l'air, monsieur.

BARTHOLO.

Oui, madame, a l'air.

ROSINE, *à part.*

Oh! le méchant vieillard!

BARTHOLO.

Mais tout cela n'arrivera plus; car je vais faire sceller cette grille.

ROSINE.

Faites mieux; murez les fenêtres tout d'un coup; d'une prison à un cachot, la différence est si peu de chose!

BARTHOLO.

Pour celles qui donne sur la rue? ce ne serait peut-être pas si mal. Ce barbier n'est pas entré chez vous, au moins?

ROSINE.

Vous donne-t-il aussi de l'inquiétude?

BARTHOLO.

Tout comme un autre.

ROSINE.

Que vos répliques sont honnêtes!

BARTHOLO.

Ah! fiez-vous à tout le monde, et vous aurez bientôt à la maison une bonne femme pour vous tromper, de bons amis pour vous la souffler, et de bons valets pour les y aider.

ROSINE.

Quoi, vous n'accordez pas même qu'on ait des principes contre la séduction de monsieur Figaro?

BARTHOLO.

Qui diable entend quelque chose à la bizarrerie des femmes? et combien j'en ai vu de ces vertus à principes....

ROSINE, *en colère.*

Mais, monsieur, s'il suffit d'être homme pour nous plaire pourquoi donc me déplaisez-vous si fort?

BARTHOLO, *stupéfait.*

Pourquoi?... pourquoi?... Vous ne répondez pas à ma question sur ce barbier?

ROSINE, *outrée.*

Eh bien oui, cet homme est entré chez moi; je l'ai vu, je lui ai parlé. Je ne vous cache pas même que je l'ai trouvé fort aimable: et puissiez vous en mourir de dépit. (*Elle sort.*)

BARTHOLO, *seul.*

Oh! les juifs! les chiens de valets! la Jeunesse! l'Éveillé, l'Éveillé maudit.

SCÈNE IV.

BARTHOLO, L'ÉVEILLÉ.

L'ÉVEILLÉ *arrive en baillant, tout endormi.*

Ah, ah, ah, ah,...

BARTHOLO.

Où étais-tu, peste d'étourdi, quand ce barbier est entré ici?

L'ÉVEILLÉ.

Monsieur, j'étais.... ah, ah, ah..

BARTHOLO.

A machiner quelqu'espiéglerie, sans doute? et tu ne l'as pas vu?

L'ÉVEILLÉ.

Sûrement, je l'ai vu, puisqu'il m'a trouvé tout malade, à ce qu'il dit; il faut bien que cela soit vrai, car j'ai commencé à me douloir dans tous les membres, rien qu'en l'en entendant parl.... Ah, ah, ah.

BARTHOLO, *le contrefaisant.*

Rien qu'en l'en entendant. Où donc est ce vaurien de la

Jeunesse ? Droguer ce petit garçon sans mon ordonnance ; il y a quelque friponnerie là-dessous.

SCÈNE V.

Les précédens, LA JEUNESSE *arrive en vieillard, avec une canne en béquille ; il éternue plusieurs fois.*

LÉVEILLÉ, *toujours baillant.*

La Jeunesse.

BARTHOLO.

Tu éternueras dimanche.

LA JEUNESSE.

Voilà plus de cinquante.... cinquante fois.... dans un moment. (*Il éternue.*) Je suis brisé.

BARTHOLO.

Comment ! je vous demande à tous deux s'il est entré quelqu'un, chez Rosine, et vous ne me dites pas que ce barbier....

L'ÉVEILLÉ, *continuant de bailler.*

Est-ce que c'est quelqu'un donc M. Figaro ? Ah, ah.!..

BARTHOLO.

Je parie que le rusé s'entend avec lui.

L'ÉVEILLÉ, *pleurant comme un sot.*

Moi.... Je m'entends !

LA JEUNESSE, *éternuant.*

Eh mais, monsieur, y a-t-il.... y a-t-il de la justice ?

BARTHOLO.

De la justice, c'est bon entre vous autres, misérables ! la justice ! je suis votre maître, moi, pour avoir toujours raison.

LA JEUNESSE, *éternuant.*

Mais pardi, quand une chose est vraie. . . .

BARTHOLO.

Quand une chose est vraie ? Si je ne veux pas qu'elle soit vraie, je prétends bien qu'elle ne soit pas vraie ; il n'y aurait qu'à permettre à tous ces faquins-là d'avoir raison, vous verriez bientôt ce que deviendrait l'autorité.

LA JEUNESSE, *éternuant.*

J'aime autant recevoir mon congé. Un service terrible, et toujours un train d'enfer.

L'ÉVEILLÉ, *pleurant.*

Un pauvre homme de bien est traité comme un misérable.

BARTHOLO.

Sors donc, pauvre homme de bien. (*Il les contrefait.*) Et t'chi, et t'cha ; l'un m'éternue au nez, l'autre m'y baille.

LA JEUNESSE.

Ah ! monsieur, je vous jure que sans mademoiselle, il n'y aurait.... pas moyen de rester dans la maison. (*Il sort en éternuant.*)

BARTHOLO.

Dans quel état ce Figaro les a mis tous ? Je vois ce que c'est: le maraud voudrait me payer mes cent écus sans bourse délier. . . .

SCENE VI.

BARTHOLO, DON BAZILE, FIGARO, *caché dans le cabinet, paraît de temps en temps, et les écoute.*

BARTHOLO, *continue.*

Ah! Don Bazile, vous véniez donner à Rosine sa leçon de musique ?

BAZILE.

C'est ce qui presse le moins.

BARTHOLO.

J'ai passé chez vous sans vous trouver.

BAZILE.

J'étais sorti pour vos affaires. Apprenez une nouvelle assez fâcheuse.

BARTHOLO.

Pour vous ?

BAZILE.

Non, pour vous. Le comte Almaviva est en cette ville.

BARTHOLO.

Parlez bas. Celui qui faisait checher Rosine dans tout Madrid ?

BAZILE.

Il loge à la grande place, et sort tous les jours déguisé.

BARTHOLO.

Il n'en faut point douter, cela me regarde. Et que faire ?

BAZILE.

Si c'était un particulier, on viendrait à bout de l'écarter.

BARTHOLO.

Oui, en s'embusquant le soir, armé, cuirassé.

BAZILE.

Bone Deus! se compromettre ! Susciter une méchante affaire, à-la-bonne heure, et pendant la fermentation calomnier à dire d'experts; *concedo.*

BARTHOLO.

Singulier moyen de se défaire d'un homme ?

BAZILE.

La calomnie ! monsieur ? vous ne savez guère ce que vous dédaignez; j'ai vu les plus honnêtes gens prêts d'en être accablés. Croyez qu'il n'y a pas de plate méchanceté, pas d'horreurs, pas de conte absurde qu'on ne fasse adopter aux oisifs d'une grande ville en s'y prenant bien ; et nous avons ici des gens d'une adresse !... D'abord, un bruit léger, rasant le sol comme une hirondelle avant l'orage ; *Pianissimo*, murmure et file, et sème en courant le trait empoisonné. Telle bouche le recueille, et *piano*, *piano* vous le glisse en l'oreille adroitement. Le mal est fait, il germe, il rampe, il chemine, et *rinforzando* de bouche en bouche il va le diable; puis tout-à-coup, ne sais comment, vous voyez calomnie se dresser, siffler, s'enfler, grandir à vue d'œil. Elle s'élance, étend son vol, tourbillonne, enveloppe, arrache, entraîne, éclate et tonne, et devient, grâce au ciel, un cri général, un *crescendo* public, un *chorus* universel de haine et de proscription. Qui diable y résisterait?

BARTHOLO.

Mais quel radotage me faites-vous donc là..... Bazile? et quel rapport ce *piano crescendo* peut-il avoir à ma situation?

BAZILE.

Comment, quel rapport? ce qu'on fait partout pour écarter son ennemi, il faut le faire ici pour empêcher le vôtre d'approcher.

BARTHOLO.

D'approcher? Je prétends bien épouser Rosine avant qu'elle apprenne seulement que ce comte existe.

BAZILE.

En ce cas, vous n'avez pas un instant à perdre.

BARTHOLO.

Et à qui tient-il, Bazile? Je vous ai chargé de tous les détails de cette affaire.

BAZILE.

Oui. Mais vous avez lésiné sur les frais, et dans l'harmonie du bon ordre, un mariage inégal, un jugement inique, un passe-droit évident, sont des dissonnances qu'on doit toujours préparer et sauver par l'accord parfait de l'or.

BARTHOLO, *lui donnant de l'argent.*

Il faut en passer par où vous voulez; mais finissons.

BAZILE.

Cela s'appelle parler. Demain tout sera terminé; c'est à vous d'empêcher que personne, aujourd'hui, ne puisse instruire la pupile.

BARTHOLO.

Fiez-vous-en à moi. Viendrez-vous ce soir Bazile?

BAZILE.

N'y comptez pas. Votre mariage seul m'occupera toute la journée; n'y comptez pas.

BARTHOLO *l'accompagne.*

Serviteur.

BAZILE.

Restez, docteur, restez donc.

BARTHOLO.

Non pas. Je veux fermer sur vous la porte de la rue.

SCÈNE VII.

FIGARO, *seul*, *sortant du cabinet.*

Oh! la bonne précaution! Ferme, ferme la porte de la rue, et moi je vais la r'ouvrir au comte en sortant. C'est un grand maraud que ce Bazile; heureusement il est encore plus sot. Il faut un état, une famille, un nom, un rang, de la consistance enfin, pour faire sensation dans le monde en calomniant. Mais, un Bazile! il médirait qu'on ne le croirait pas.

SCÈNE VIII.

ROSINE, *accourant*, FIGARO.

ROSINE.

Quoi, vous êtes encore là, M. Figaro?

FIGARO.

Très-heureusement pour vous, mademoiselle. Votre tuteur et votre maître de musique, se croyant seuls ici, viennent de parler à cœur ouvert....

ROSINE.

Et vous les avez écoutés, M. Figaro? mais savez-vous que c'est fort mal.

FIGARO.

D'écouter? C'est pourtant ce qu'il y a de mieux pour bien entendre. Apprenez que votre tuteur se dispose à vous épouser demain.

ROSINE.

Ah! grands dieux!

FIGARO.

Ne craignez rien; nous lui donnerons tant d'ouvrage qu'il n'aura pas le temps de songer à celui-là.

ROSINE.

Le voici qui revient; sortez donc par le petit escalier. Vous me faites mourir de frayeur. (*Figaro s'enfuit.*)

SCÈNE IX.

BARTHOLO, ROSINE.

ROSINE.

Vous étiez ici avec quelqu'un, monsieur?

BARTHOLO.

Don Bazile que j'ai reconduit, et pour cause. Vous eussiez mieux aimé que c'eût été monsieur Figaro?

ROSINE.

Cela m'est fort égal, je vous assure.

BARTHOLO.

Je voudrais bien savoir ce que ce barbier avait de si pressé à vous dire?

ROSINE.

Faut-il parler sérieusement ? il m'a rendu compte de l'état de Marceline, qui même n'est pas trop bien, à ce qu'il dit.

BARTHOLO.

Vous rendre compte ! Je vais parier qu'il était chargé de vous remettre quelque lettre.

ROSINE.

Et de qui, s'il vous plaît ?

BARTHOLO.

Oh, de qui ! de quelqu'un que les femmes ne nomment jamais. Que sais-je, moi ? Peut-être la réponse au papier de la fenêtre.

ROSINE, *à part.*

Il n'en a pas manqué une seule. *Haut.* Vous mériteriez bien que cela fût.

BARTHOLO, *regarde les mains de Rosine.*

Cela est. Vous avez écrit.

ROSINE, *avec embarras.*

Il serait assez plaisant que vous eussiez le projet de m'en faire convenir.

BARTHOLO, *lui prenant la main droite.*

Moi, point du tout ; mais votre doigt encore taché d'encre ! Heim ? rusée signora ?

ROSINE, *à part.*

Maudit homme.

BARTHOLO, *lui tenant toujours la main.*

Une femme se croit bien en sûreté, parce qu'elle est seule.

ROSINE.

Ah ! sans doute .... La belle preuve ! ... Finissez donc, monsieur, vous me tordez le bras. Je me suis brûlée en chiffonnant autour de cette bougie ; et l'on m'a toujours dit qu'il fallait aussitôt tremper dans l'encre ; c'est ce que j'ai fait.

BARTHOLO.

C'est ce que vous avez fait ? Voyons donc si un second témoin confirmera la déposition du premier. C'est ce cahier de papier où je suis certain qu'il y avait six feuilles, car je les compte tous les matins ; aujourd'hui encore.

ROSINE, *à part.*

Oh ! imbécille ! ...

BARTHOLO, *comptant*

Trois, quatre, cinq ....

ROSINE.

La sixième ....

BARTHOLO.

Je vois bien qu'elle n'y est pas, la sixième.

ROSINE, *baisant les yeux.*

La sixième ? Je l'ai employée à faire un cornet pour des bonbons que j'ai envoyés à la petite Figaro.

BARTHOLO.

A la petite Figaro ? Et la plume qui était toute neuve; comment est-elle devenue noire ? est-ce en écrivant l'adresse de la petite Figaro ?

ROSINE, *à part.*

Cet homme a un instinct de jalousie ... (*Haut.*) Elle m'a servi à retracer une fleur effacée sur la veste que je vous brode au tambour.

BARTHOLO.

Que cela est édifiant! Pour qu'on vous crût, mon enfant, il faudrait ne pas rougir en déguisant coup sur coup la vérité; mais c'est ce que vous ne savez pas encore.

ROSINE.

Et qui ne rougirait pas, monsieur, de voir tirer des conséquences aussi malignes des choses les plus innocemment faites.

BARTHOLO.

Certes, j'ai tort; se brûler le doigt, le tremper dans l'encre, faire des cornets aux bonbons pour la petite Figaro, et dessiner ma veste au tambour! quoi de plus innocent! Mais que de mensonges entassés pour cacher un seul fait! ... *Je suis seule, on ne me voit point; je pourrai mentir à mon aise*; mais le bout du doigt reste noir! la plume est tachée, le papier manque; on ne saurait penser à tout. Bien certainement, Signora, quand j'irai par la ville, un bon double-tour me répondra de vous.

SCÈNE X.

BARTHOLO, LE COMTE, ROSINE.

LE COMTE, *en uniforme de cavalerie, ayant l'air d'être entre deux vins, et chantant*: (Réveillons-là, *etc.*)

BARTHOLO.

Mais que nous veut cet homme ? Un soldat! rentrez chez vous, Signora.

LE COMTE, *chante*: réveillons-là; *et s'avance vers Rosine.*

Qui de vous deux, mesdames, se nomme le docteur Balordo, (*A Rosine bas.*) Je suis Lindor.

BARTHOLO.

Bartholo ?

ROSINE, *à part.*

Il parle de Lindor.

LE COMTE.

Balordo, Barque-à-l'eau; je m'en moque comme de ça. Il s'agit seulement de savoir laquelle des deux... *A Rosine, lui montrant un papier.* Prenez cette lettre.

BARTHOLO.

Laquelle! vous voyez bien que c'est moi. Laquelle!.. Rentrez donc, Rosine; cet homme paraît avoir du vin.

ROSINE.

C'est pour cela ; monsieur, vous êtes seul. Une femme en impose quelquefois.

BARTHOLO.

Rentrez, rentrez ; je ne suis pas timide.

SCENE XI.

LE COMTE, BARTHOLO.

LE COMTE.

Oh, je vous ai reconnu d'abord à votre signalement.

BARTHOLO, *au comte, qui serre la lettre.*

Qu'est-ce que c'est donc que vous cachez-là dans votre poche ?

LE COMTE.

Je le cache dans ma poche, pour que vous ne sachiez pas ce que c'est.

BARTHOLO.

Mon signalement ! ces gens-là croient toujours parler à des soldats.

LE COMTE.

Pensez-vous que ce soit une chose si difficile à faire que votre signalement?

Le chef branlant, la tête chauve,
Les yeux vérons, le regard fauve,
L'air farouche d'un algongin.

BARTHOLO.

Qu'est-ce que cela veut dire! Etes-vous ici pour m'insulter? délogez à l'instant.

LE COMTE.

Déloger! Ah ! fi, que c'est mal parler. Savez-vous lire docteur... Barbe-à-l'eau ?

BARTHOLO.

Autre question saugrenue.

LE COMTE.

Oh, que cela ne vous fasse point de peine; car, moi, qui suis pour le moins aussi docteur que vous....

BARTHOLO.

Comment cela?

LE COMTE.

Est-ce que je ne suis pas le médecin des chevaux du régiment ? Voilà pourquoi on m'a logé exprès chez un confrère.

BARTHOLO.

Oser comparer un maréchal....

LE COMTE.

AIR : *Vive le vin.*

Sans chanter.
Non, docteur, je ne prétends pas
Que notre art obtienne le pas.
Sur Hypocrate et sa brigade.

En chantant.
Votre savoir, mon camarade,
Est d'un succès plus général;
Car s'il n'emporte point le mal,
Il emporte au moins le malade.

C'est-il poli ce que je vous dis-là ?

BARTHOLO.

Il vous sied bien, manipuleur ignorant, de ravaler ainsi le premier, le plus grand et le plus utile des arts.

LE COMTE.

Utile tout-à-fait, pour ceux qui l'exercent.

BARTHOLO.

Un art dont le soleil s'honore d'éclairer les succès.

LE COMTE.

Et dont la terre s'empresse de couvrir les bévues.

BARTHOLO.

On voit bien, mal appris, que vous n'êtes habitué de parler qu'à des chevaux.

LE COMTE.

Parler à des chevaux ? Ah, docteur! pour un docteur d'esprit . . . n'est-il pas de notoriété que le maréchal guérit toujours ses malades sans leur parler; au lieu que le médecin parle beaucoup aux siens . . . . .

BARTHOLO.

Sans les guérir, n'est-ce pas ?

LE COMTE.

C'est vous qui l'avez dit.

BARTHOLO.

Qui diable envoie ici ce maudit ivrogne ?

LE COMTE.

Je crois que vous me lâchez des épigrammes, l'amour.

BARTHOLO.

Enfin, que voulez-vous ? que demandez-vous ?

LE COMTE, *feignant une grande colère.*

Eh bien donc, il s'enflamme. Ce que je veux ? Est-ce que vous ne le voyez pas ?

SCÈNE XII.

ROSINE, LE COMTE, BARTHOLO.

ROSINE, *accourant.*

Monsieur le soldat, ne vous emportez point, de grâce. (*A Bartholo.*) Parlez-lui doucement, monsieur : un homme qui déraisonne . . . . .

LE COMTE.

Vous avez raison, il déraisonne, lui; mais nous sommes

raisonnables, nous. Moi, poli, et vous, jolie.... Enfin, suffit. La vérité, c'est que je ne veux avoir affaire qu'à vous dans la maison.

ROSINE.

Que puis-je pour votre service, monsieur le soldat?

LE COMTE.

Une petite bagatelle, mon enfant. Mais s'il y a de l'obscurité dans mes phrases....

ROSINE.

J'en saisirai l'esprit.

LE COMTE, *lui montrant la lettre.*

Non, attachez-vous à la lettre, à la lettre. Il s'agit seulement... Mais je dis, en tout bien, tout honneur, que vous me donniez à coucher ce soir.

BARTHOLO.

Rien que cela?

LE COMTE.

Pas davantage. Lisez le billet doux que notre maréchal-des-logis vous écrit.

BARTHOLO.

Voyons. *Le comte cache la lettre et lui donne un autre papier. Bartholo lit.* « Le docteur Bartholo recevra, nourrira, hébergera, couchera.

LE COMTE, *appuyant.*

Couchera....

BARTHOLO

» Pour une nuit seulement, le nommé Lindor, dit l'Ecolier, cavalier au régiment....

ROSINE.

C'est lui, c'est lui-même.

BARTHOLO, *vivement à Rosine.*

Qu'est-ce qu'il y a?

LE COMTE.

Eh bien, ai-je tort à présent, docteur Barbaro.

BARTHOLO.

On dirait que cet homme se fait un malin plaisir de m'estropier de toutes les manières possibles: allez au diable, Barbaro! Barbe à l'eau! et dites à votre impertinent maréchal-des-logis, que depuis mon voyage à Madrid, je suis exempt de loger des gens de guerre.

LE COMTE, *à part.*

O ciel! fâcheux contre-temps.

BARTHOLO.

Ah, ah! notre ami, cela vous contrarie et vous dégrise un peu; mais n'en décampez pas moins à l'instant.

LE COMTE, *à part.*

J'ai pensé me trahir. (*Haut.*) Décamper! si vous êtes exempt des gens de guerre, vous n'êtes pas exempt de politesse, peut-être? Décamper! Montrez-moi votre brevet d'exemption; quoique je ne sache pas lire, je verrai bientôt.

BARTHOLO.

Qu'à cela ne tienne. Il est dans ce bureau.

LE COMTE, *pendant qu'il y va, dit, sans quitter sa place.*

Ah! ma belle Rosine.

ROSINE.

Quoi! Lindor, c'est vous?

LE COMTE.

Recevez au moins cette lettre.

ROSINE.

Prenez garde, il a les yeux sur nous.

LE COMTE.

Tirez votre mouchoir, je la laisserai tomber. (*Il s'approche.*)

BARTHOLO.

Doucement, doucement, seigneur soldat; je n'aime point qu'on regarde ma femme de si près.

LE COMTE.

Elle est votre femme?

BARTHOLO.

Et quoi donc?

LE COMTE.

Je vous ai pris pour son bisaïeul paternel, maternel, sempiternel: il y a au moins trois générations entre elle et vous.

BARTHOLO *lit un parchemin.*

« Sur les bons et fidèles témoignages qui nous ont été « rendus....

LE COMTE *donne un coup de main sous les parchemins, qui les envoie au plancher.*

Est-ce que j'ai besoin de tout ce verbiage?

BARTHOLO.

Savez-vous bien, soldat, que si j'appelle mes gens, je vous fais traiter sur-le-champ comme vous le méritez.

LE COMTE.

Bataille? Ah! volontiers, bataille! c'est mon métier, à moi; (*montrant son pistolet de ceinture*) et voici de quoi leur jeter de la poudre aux yeux. Vous n'avez peut-être jamais vu de bataille, madame?

ROSINE.

Ni ne veux en voir.

LE COMTE.

Rien n'est pourtant aussi gai que bataille; figurez-vous (*Poussant le docteur*) d'abord, que l'ennemi est d'un côté du ravin, et les amis de l'autre. (*A Rosine en lui montrant la lettre.*) Sortez le mouchoir. (*Il crache à terre.*) Voilà le ravin; cela s'entend. (*Rosine tire son mouchoir; le comte laisse tomber la lettre entre elle et lui.*)

BARTHOLO *se baissant.*

Ah, ah !...

LE COMTE, *le reprend et dit.*

Tenez... moi qui allais vous apprendre ici les secrets de mon métier... une femme bien discrète, en vérité, ne voilà-t-il pas un billet doux qu'elle laisse tomber de sa poche ?

BARTHOLO.

Donnez, donnez.

LE COMTE.

Dulciter! papa, chacun son affaire. Si une ordonnance de rhubarbe était tombée de la vôtre ?..

ROSINE, *avançant la main.*

Ah! je sais ce que c'est, monsieur le soldat. (*Elle prend la lettre qu'elle cache dans la petite poche de son tablier.*)

BARTHOLO.

Sortez-vous enfin ?

LE COMTE.

Eh bien, je sors : adieu, docteur; sans rancune. Un petit compliment, mon cœur : priez la mort de m'oublier encore quelques campagnes; la vie ne m'a jamais été si chère.

BARTHOLO.

Allez toujours; si j'avais ce crédit là sur la mort....

LE COMTE.

Sur la mort ? N'êtes-vous pas médecin ? vous faites tant de choses pour elle, qu'elle n'a rien à vous refuser. (*Il sort.*)

SCÈNE XIII.

BARTHOLO, ROSINE.

BARTHOLO *le regarde aller.*

Il est enfin parti. (*à part.*) Dissimulons.

ROSINE.

Convenez pourtant, monsieur, qu'il est bien gai, ce jeune soldat; à travers son ivresse, on voit qu'il ne manque ni d'esprit, ni d'une certaine éducation.

BARTHOLO.

Heureux, m'amour, d'avoir pu nous en délivrer! Mais n'es-tu pas un peu curieuse de lire avec moi le papier qu'il t'a remis ?

ROSINE.

Quel papier ?

BARTHOLO.

Celui qu'il a feint de ramasser pour te le faire accepter.

ROSINE.

Bon ! c'est la lettre de mon cousin l'officier, qui était tombée de ma poche.

BARTHOLO.

J'ai idée, moi, qu'il l'a tirée de la sienne.

ROSINE.

Je l'ai très-bien reconnue.

BARTHOLO.

Qu'est-ce qu'il coûte d'y regarder ?

ROSINE.

Je ne sais pas seulement ce que j'en ai fait.

BARTHOLO, *montrant la pochette.*

Tu l'as mise là.

ROSINE.

Ah, ah, par distraction.

BARTHOLO.

Ah, sûrement. Tu vas voir que ce sera quelque folie.

ROSINE, *à part.*

Si je ne le mets pas en colère, il n'y aura pas moyen de refuser.

BARTHOLO.

Donne donc mon cœur.

ROSINE.

Mais quelle idée avez-vous en insistant, monsieur ? est-ce encore quelque méfiance ?

BARTHOLO.

Mais vous, quelle raison avez-vous de ne pas le montrer ?

ROSINE.

Je vous répète, monsieur, que ce papier n'est autre chose que la lettre de mon cousin, que vous m'avez rendue hier toute décachetée ; et puisqu'il en est question, je vons dirai tout net, que cette liberté me déplaît excessivement.

BARTHOLO.

Je ne vous entends pas.

ROSINE.

Vais-je examiner les papiers qui vous arrivent ? Pourquoi vous donnez-vous les airs de toucher à ceux qui me sont adressés ? Si c'est jalousie, elle m'insulte ; s'il s'agit de l'abus d'une autorité usurpée, j'en suis plus révoltée encore.

BARTHOLO.

Comment révoltée ! vous ne m'avez jamais parlé ainsi.

ROSINE.

Si je me suis modérée jusqu'à ce jour, ce n'était pas pour vous donner le droit de m'offenser impunément.

BARTHOLO.

De quelle offense me parlez-vous ?

ROSINE.

C'est qu'il est inoui qu'on se permette d'ouvrir les lettres de quelqu'un.

BARTHOLO.

De sa femme ?

ROSINE.

Je ne la suis pas encore. Mais pourquoi lui donnerait-on la préférence d'une indignité qu'on ne fait à personne ?

BARTHOLO.

Vous voulez me faire prendre le change, et détourner mon attention du billet, qui, sans doute, est une missive de quelque amant; mais je le verrai, je vous assure.

ROSINE.

Vous ne le verrez pas. Si vous m'approchez, je m'enfuis de cette maison, et je demande retraite au premier venu.

BARTHOLO.

Qui ne vous recevra point.

ROSINE.

C'est ce qu'il faudra voir.

BARTHOLO.

Nous ne sommes pas ici en France, où l'on donne toujours raison aux femmes; mais pour vous en ôter la fantaisie, je vais fermer la porte.

ROSINE, *pendant qu'il y va.*

Ah ciel ! que faire ?... Mettons vite à la place la lettre de mon cousin, et donnons-lui beau jeu à la prendre.

(*Elle fait l'échange, et met la lettre du cousin dans la pochette, de façon qu'elle sorte un peu.*)

BARTHOLO, *revenant.*

Ah! j'espère maintenant la voir.

ROSINE.

De quel droit, s'il vous plaît ?

BARTHOLO.

Du droit le plus universellement reconnu, celui du plus fort.

ROSINE.

On me tuera plutôt que de l'obtenir de moi.

BARTHOLO, *frappant du pied.*

Madame! madame!...

(ROSINE, *tombe sur un fauteuil, et feint de se trouver mal.*)

Ah! quelle indignité!...

BARTHOLO.

Donnez cette lettre, ou craignez ma colère.

ROSINE, *renversée.*

Malheureuse Rosine!

BARTHOLO.

Qu'avez-vous donc ?

ROSINE.

Quel avenir affreux!

BARTHOLO.

Rosine!

ROSINE.

J'étouffe de fureur!

BARTHOLO.

Elle se trouve mal.

ROSINE.

Je m'affaiblis, je meurs.

BARTHOLO *lui tâte le pouls, et dit à part.*

Dieux! la lettre! lisons-la sans qu'elle en soit instruite. (*Il continue à lui tâter le pouls, et prend la lettre qu'il tâche de lire en se tournant un peu.*)

ROSINE, *toujours renversée.*

Infortunée! ah!...

BARTHOLO *lui quitte le bras et dit à part.*

Quelle rage a-t-on d'apprendre ce qu'on craint toujours de savoir.

ROSINE.

Ah! pauvre Rosine.

BARTHOLO.

L'usage des odeurs... produit ces affections spasmodiques.

(*Il lit par derrière le fauteuil en lui tâtant le pouls. Rosine se relève un peu, le regarde finement, fait un geste de tête et se remet sans parler.*

BARTHOLO, *à part.*

O ciel! c'est la lettre de son cousin. Maudite inquiétude, comment l'appaiser maintenant? qu'elle ignore au moins que je l'ai lue.

(*Il fait semblant de la soutenir et remet la lettre dans la pochette*).

ROSINE *soupire.*

Ah!

BARTHOLO.

Eh bien! ce n'est rien, mon enfant; un petit mouvement de vapeurs, voilà tout; car ton pouls n'a seulement pas varié. (*Il va prendre un flacon sur la console.*)

ROSINE, *à part.*

Il a remis la lettre! fort bien.

BARTHOLO.

Ma chère Rosine, un peu de cette eau spiritueuse.

ROSINE.

Je ne veux rien de vous, laissez-moi.

BARTHOLO.

Je conviens que j'ai montré trop de vivacité sur ce billet.

ROSINE.

Il s'agit bien du billet; c'est votre façon de demander les choses qui est révoltante.

BARTHOLO, *à genoux.*

Pardon; j'ai bientôt senti tous mes torts; et tu me vois à tes pieds, prêt à les réparer.

ROSINE.

Oui, pardon, lorsque vous croyez que cette lettre ne vient pas de mon cousin.

BARTHOLO.

Qu'elle soit d'un autre ou de lui, je ne veux aucun éclaircissement.

ROSINE, *lui présentant la lettre.*

Vous voyez qu'avec de bonnes façons on obtient tout de moi. Lisez-la.

BARTHOLO.

Cet honnête procédé dissiperait mes soupçons, si j'étais assez malheureux pour en conserver.

ROSINE.

Lisez-la donc, monsieur.

BARTHOLO *se retire.*

A Dieu ne plaise que je te fasse une pareille injure!

ROSINE.

Vous me contrariez de la refuser.

BARTHOLO.

Reçois en réparation cette marque de ma parfaite confiance. Je vais voir la pauvre Marceline, que ce Figaro a, je ne sais pourquoi, saigné du pied; n'y viens-tu pas aussi?

ROSINE.

J'y monterai dans un moment.

BARTHOLO.

Puisque la paix est faite, mignonne, donne moi ta main. Si tu pouvais m'aimer, ah! comme tu serais heureuse!

ROSINE, *baissant les yeux.*

Si vous pouviez me plaire, ah! comme je vous aimerais!

BARTHOLO.

Je te plairai, je te plairai; quand je te dis que je te plairai. (*Il sort.*)

ROSINE, *seule le regarde aller.*

Ah! Lindor, il dit qu'il me plaira!... Lisons cette lettre qui a manqué de me causer tant de chagrin. (*Elle lit et s'écrie*): Ha!... J'ai lu trop tard; il me recommande de tenir une querelle ouverte avec mon tuteur; j'en avais une si bonne, et je l'ai laissée échapper. En recevant la lettre, j'ai senti que je rougissais jusqu'aux yeux. Ah! mon tuteur a raison, je suis bien loin d'avoir cet usage du monde qui, me dit-il souvent, assure le maintien des femmes en toute occasion! mais un homme injuste parviendrait à faire une rusée de l'innocence même.

Fin du second acte,

ACTE III.

SCÈNE PREMIÈRE.

BARTHOLO, *seul et désolé.*

Quelle humeur ! quelle humeur ! elle paraissait appaisée... là, qu'on me dise qui diable lui a fourré dans la tête de ne plus vouloir prendre leçon de don Bazile ! elle sait qu'il se mêle de mon mariage.... (*on heurte à la porte.*) faites tout au monde pour plaire aux femmes ; si vous omettez un seul petit point... je dis un seul.... (*On heurte une seconde fois.*) Voyons qui c'est.

SCÈNE II.

BARTHOLO, LE COMTE *en bachelier.*

LE COMTE.

Que la paix et la joie habitent toujours céans.

BARTHOLO, *brusquement.*

Jamais souhait ne vint plus à propos. Que voulez-vous ?

LE COMTE.

Monsieur, je suis Alonzo, bachelier licencié....

BARTHOLO.

Je n'ai pas besoin de précepteur.

LE COMTE.

...Elève de don Bazile, organiste du grand couvent, qui a l'honneur de montrer la musique à madame votre.....

BARTHOLO.

Bazile, organiste ! qui a l'honneur, je le sais ; au fait.

LE COMTE.

(*A part.*) Quel homme ! (*Haut.*) Un mal subit qui le force à garder le lit...

BARTHOLO.

Garder le lit ! Bazile ! il a bien fait d'envoyer, je vais le voir à l'instant.

LE COMTE.

(*A part.*) O diable ! (*Haut.*) Quand je dis le lit, monsieur, c'est la chambre que j'entends.

BARTHOLO.

Ne fût-il qu'incommodé, marchez devant, je vous suis.

LE COMTE, *embarrassé.*

Monsieur, j'étais chargé... Personne ne peut-il nous entendre ?

BARTHOLO.

(*A part.*) C'est quelque fripon. (*Haut.*) Eh non, monsieur le mystérieux, parlez sans vous troubler si vous pouvez.

LE COMTE.

(*Apart.*) Maudit veieillard. (*Haut.*) Don Bazile m'avait chargé de vous apprendre...

BARTHOLO.

Parlez haut; je suis sourd d'une oreille.

LE COMTE, *élevant la voix.*

Ah! volontiers. Que le comte Almaviva, qui restait à la grande place....

BARTHOLO, *effrayé.*

Parlez plus bas.

LR COMTE, *plus haut.*

... En est delogé ce matin. Comme c'est par moi qu'il a su que le comte Almaviva....

BARTHOLO.

Bas; parlez bas, je vous prie.

LE COMTE, *du même ton.*

.... Etait en cette ville, et que j'ai découvert que la signora Rosine lui a écrit.

BARTHOLO.

Lui a écrit? Mon cher ami, parlez plus bas, je vous en conjure! Tenez, asséyons-nous, et jasons d'amitié. Vous avez découvert, dites-vous, que Rosine....

LE COMTE, *fièrement.*

Assurément. Bazile, inquiet pour vous de cette correspondance, m'avait prié de vous montrer sa lettre ;mais la manière dont vous prenez les choses...

BAPTHOLO.

Eh mon Dieu! je les prends bien. Mais ne vous est-il donc pas possible de parler plus bas?

LE COMTE.

Vous êtes sourd d'une oreille, avez-vous dit!

BARTHOLO.

Pardon, pardon, seigneur Alonzo, si vous m'avez trouvé méfiant et dur; mais je suis tellement entouré d'intrigans, de pièges... et puis votre tournure, votre âge, votre air... Pardon, pardon. Eh bien! vous avez la lettre?

LE COMTE.

A la bonne heure sur ce ton, monsieur; mais je crains qu'on ne soit aux écoutes.

BARTHOLO.

Eh! qui voulez-vous? tous mes valets sur les dents! Rosine enfermée de fureur! Le diable est entré chez moi. Je vais encore m'assurer...

Il va ouvrir doucement la porte de Rosine.

LE COMTE, *à part.*

Je me suis enferré de dépit... Garder la lettre à présent! il faudra m'enfuir: autant vaudrait n'être pas venu... La lui montrer!... Si je puis en prévenir Rosine, la montrer est un coup de maître.

BARTHOLO *revient sur la pointe du pied.*

Elle est assise auprès de sa fenêtre, le dos tourné à la porte occupée à relire une lettre de son cousin l'officier, que j'avais décachetée. Voyons donc la sienne.

LE COMTE *lui remet la lettre de Rosine.*

La voici. (*A part.*) C'est ma lettre qu'elle relit.

BARTHOLO, *lit.*

« *Depuis que vous m'avez appris votre nom et votre état.* » Ah, la perfide ! c'est bien là sa main.

LE COMTE *effrayé.*

Parlez donc bas à votre tour.

BARTHOLO.

Quelle obligation, mon cher !...

LE COMTE.

Quand tout sera fini, si vous croyez m'en devoir, vous serez le maître. D'après un travail que fait actuellement Don Bazile avec un homme de loi . . . .

BARTHOLO.

Avec un homme de loi, pour mon mariage ?

LE COMTE.

Vous aurai-je arrêté sans cela ? il m'a chargé de vous dire que tout peut être prêt por demain. Alors si elle résiste.

BARTHOLO.

Elle résistera.

LE COMTE *veut reprendre la lettre, Bartholo la serre.*

Voilà l'instant où je puis vous servir ; nous lui montrerons sa lettre, et s'il le faut, *plus mystérieusement*, j'irai jusqu'à lui dire que je la tiens d'une femme à qui le comte l'a sacrifiée ; vous sentez que le trouble, la honte, le dépit peuvent la porter sur-le-champ....

BARTHOLO, *riant.*

De la calomnie ! mon cher ami, je vois bien maintenant que vous venez de la part de Bazile. Mais pour que ceci n'eût pas l'air concerté, ne serait-il pas bon qu'elle vous connût d'avance ?

LE COMTE, *réprime un grand mouvement de joie.*

C'était assez l'avis de Don Bazile. Mais comment faire ? il est tard... au peu de temps qui reste . . . .

BARTHOLO.

Je dirai que vous venez en sa place. Ne lui donnerez-vous pas bien une leçon ?

LE COMTE.

Il n'y a rien que je ne fasse pour vous plaire. Mais, prenez garde que toutes ces histoires de maîtres supposés, sont de vieilles finesses, des moyens de comédie ; si elle va se douter ? . . .

BARTHOLO.

Présenté par moi Quelle apparence! Vous avez plus l'air d'un amant déguisé, que d'un ami officieux.

LE COMTE.

Oui ? Vous croyez donc que mon air peut aider à la tromperie ?

BARTHOLO.

Je le donne au plus fin à deviner. Elle est ce soir d'une humeur horrible. Mais quand elle ne ferait que vous voir. Son clavecin est dans ce cabinet. Amusez-vous en l'attendant; je vais faire l'impossible pour l'amener.

LE COMTE.

Gardez-vous bien de lui parler de la lettre.

BARTHOLO.

Avant l'instant décisif? Elle perdrait tout son effet. Il ne faut pas me dire deux fois les choses : il ne faut pas me les dire deux fois. *Il s'en va.*

LE COMTE, *seul.*

Me voilà sauvé. Ouf! Que ce diable d'homme est rude à manier! Figaro le connaît bien. Je me voyais mentir ; cela me donnait un air plat et gauche ; et il a des yeux! ... Ma foi sans l'inspiration subite de la lettre, il faut l'avouer, j'étais éconduit comme un sot : O ciel on dispute là-dedans. Si elle allait s'obstiner à ne pas venir! Ecoutons .... Elle refuse de sortir de chez elle, et j'ai perdu le fruit de ma ruse. (*Il retourne écouter.*) La voici ; ne nous montrons pas d'abord. (*Il entre dans le cabinet.*)

SCÈNE III.

LE COMTE, ROSINE, BARTHOLO.

ROSINE, *avec une colère simulée.*

Tout ce que vous direz est inutile, monsieur, j'ai pris mon parti ; je ne veux plus entendre parler de musique.

BARTHOLO.

Ecoute donc mon enfant; c'est le seigneur Alonzo, l'élève et l'ami de Don Bazile, choisi par lui pour être un de nos témoins. — La musique te calmera, je t'assure.

ROSINE.

Oh! pour cela, vous pouvez vous en détacher; si je chante ce soir! .... Où donc est-il ce maître que vous craignez de renvoyer ? Je vais, en deux mots, lui donner son compte, et celui de Bazile. *Elle apperçoit son amant : elle fait un cri.* Ah! ...

BARTHOLO.

Qu'avez-vous ?

ROSINE, *les deux mains sur son cœur, avec un grand trouble.*

Ah! mon dieu, monsieur.... Ah! mon dieu, monsieur..

BARTHOLO.

Elle se trouve encore mal, seigneur Alonzo.

ROSINE.

Non, je ne me trouve pas mal.. mais c'est qu'en me tournant.... Ah..

LE COMTE.

Le pied vous a tourné, madame?

ROSINE.

Ah! oui, le pied ma tourné. Je me suis fait un mal horrible.

LE COMTE.

Je m'en suis bien aperçu.

ROSINE, *regardant le comte.*

Le coup m'a porté au cœur.

BARTHOLO.

Un siége, un siége. Et pas un fauteuil ici?

Il va le chercher.

LE COMTE.

Ah Rosine!

ROSINE.

Quelle imprudence!

LE COMTE.

J'ai mille choses essentielles à vous dire.

ROSINE.

Il ne nous quittera pas.

LE COMTE.

Figaro va venir nous aider.

BARTHOLO *apporte un fauteuil.*

Tiens, mignonne, assieds-toi. — Il n'y a pas d'apparence, bachelier, qu'elle prenne de leçon ce soir, ce sera pour un autre jour. Adieu.

ROSINE, *au comte.*

Non, attendez; ma douleur est un peu appaisée. (*A Bartholo.*) Je sens que j'ai eu tort avec vous, monsieur, je veux vous imiter, en réparant sur-le-champ...

BARTHOLO.

Oh! le bon petit naturel de femme. Mais après une pareille émotion, mon enfant, je ne souffrirai pas que tu fasses le moindre effort. Adieu, adieu, bachelier.

ROSINE, *au comte.*

Un moment, de grâce. (*A Bartholo.*) Je croirai, monsieur, que vous n'aimez pas à m'obliger, si vous m'enpêchez de vous prouver mes regrets, en prenant ma leçon.

LE COMTE, *à part, à Bartholo.*

Ne la contrariez pas, si vous m'en croyez.

BARTHOLO.

Voilà qui est fini, mon amoureuse. Je suis si loin de chercher à te déplaire, que je veux rester-là, tout le temps que tu vas étudier.

ROSINE.

Non, monsieur; je sais que la musique n'a nul attrait pour vous.

BARTHOLO.

Je t'assure que ce soir, elle m'enchantera.

ROSINE, *au comte, à part.*

Je suis au supplice.

LE COMTE, *prenant un papier de musique sur le pupitre.*

Est-ce là ce que vous voulez chanter, madame?

ROSINE.

Oui, c'est un morceau très-agréable de la Précaution inutile.

BARTHOLO.

Toujours la Précaution inutile?

LE COMTE.

C'est ce qu'il y a de plus nouveau aujourd'hui. C'est une image du printemps d'un genre assez vif. Si madame veut l'essayer....

ROSINE, *regardant le comte.*

Avec grand plaisir: un tableau du printemps me ravit; c'est la jeunesse de la nature. Au sortir de l'hiver, il semble que le cœur acquière un plus haut degré de sensibilité: comme un esclave enfermé depuis long-temps goûte, avec plus de plaisir, le charme de la liberté qui vient de lui être offerte.

BARTHOLO, *bas au comte.*

Toujours des idées romanesques en tête.

LE COMTE, *bas.*

Et sentez-vous l'application?

BARTHOLO.

Parbleu! (*Il va s'asseoir dans le fauteuil qu'a occupé Rosine.*)

ROSINE, *chante.*

Quand, dans la plaine,
L'amour ramène
Le printemps
Si chéri des amans;
Tout reprend l'être,
Son feu pénètre
Dans les fleurs,
Et dans les jeunes cœurs.
On voit les troupeaux
Sortir des hameaux;
Dans tous les côteaux,
Les cris des agneaux
Retentissent;
Ils bondissent;
Tout fermente,
Tout augmente;
Les brebis paissent,
Les fleurs qui naissent;
Les chiens fidèles
Veillent sur elles;
Mais Lindor enflammé,
Ne songe guère
Qu'au bonheur d'être aimé
De sa bergère.

MEME AIR.

Loin de sa mère,
Cette bergère
Va chantant,
Où son amant l'attend.
Par cette ruse,
L'amour l'abuse;
Mais chanter,
Sauve-t-il du danger?
Les doux chalumeaux,
Les chants des oiseaux,
Ses charmes naissans,
Ses quinze ou seize ans:

Tout l'excite,
Tout l'agite.
La pauvrette
S'inquiette.
De sa retraite,
Lindor la guette,
Elle s'avance,
Lindor s'élance:
Il vient de l'embrasser.
Elle bien aise,
Feint de se courroucer,
Pour qu'on l'appaise.

PETITE REPRISE.

Les soupirs,
Les soins les promesses,
Les vives tendresses,
Les plaisirs
Le fin badinage,
Sont mis en usage.
Et bientôt la bergère,
Ne sent plus de colère.

Si quelque jaloux
Trouble un bien si doux,
Nos amans d'accord,
Ont un soin extrême...
... De voiler leur transport:
Mais quand on s'aime,
La gêne ajoute encor
Au plaisir même.

(*En l'écoutant, Bartholo s'est assoupi. Le comte, pendant la petite reprise, se hasarde à prendre une main qu'il couvre de baisers. L'émotion ralentit le chant de Rosine et l'affaiblit, et finit même par lui couper la voix au milieu de la cadence, au mot* extrême. *L'Orchestre suit le mouvement de la chanteuse, affaiblit son jeu et se taît avec elle. L'absence du bruit qui avait endormi Bartholo, le réveille. Le comte se relève : Rosine et l'Orchestre reprennent subitement la suite de l'air. Si la petite reprise se répète, le même jeu recommence, etc.*)

LE COMTE.

En vérité, c'est un morceau charmant, et madame l'exécute avec une intelligence ...

ROSINE.

Vous me flattez, seigneur; la gloire est tout entière au maître.

BARTHOLO, *bâillant.*

Moi, je crois que j'ai un peu dormi pendant le morceau charmant. J'ai mes malades; je vas, je viens, je toupille, et sitôt que je m'assieds, mes pauvres jambes ...

Il se lève et pousse le fauteuil.

ROSINE, *bas au comte.*

Figaro ne vient point.

LE COMTE.

Filons le temps.

BARTHOLO.

Mais, bachelier, je l'ai déjà dit à ce vieux Bazile; est-ce

qu'il n'y aurait pas moyen de lui faire étudier des choses plus gaies que tous ces grands aria, qui vont en haut, en bas, en roulant, hi, ho, a, a, a, a, et qui me semblent autant d'enterremens. Là, de ces petits airs qu'on chantait dans ma jeunesse, et que chacun retenait facilement. J'en savais autrefois . . . Par exemple . . .

Pendant la ritournelle, il cherche en se grattant la tête, et chante en faisant claquer ses pouces et dansant des genoux comme les vieillards.

Veux-tu, ma Rosinette,
Faire emplette
Du roi des maris?... (*Au comte, en riant.*)

Il y a Fanchonnette dans la chanson; mais j'y ai substitué Rosinette pour la lui rendre plus agréable et la faire cadrer aux circonstance. Ah, ah, ah! fort bien, pas vrai?

LE COMTE, *riant.*

Ah, ah, ah! Oui, tout au mieux.

SCÈNE IV.

FIGARO, *dans le fond*, ROSINE, BARTHOLO, LE COMTE.

BARTHOLO, *chante.*

Veux-tu, ma Rosinette,
Faire emplette
Du roi des maris?
Je ne suis point Tircis,
Mais la nuit dans l'ombre,
Je vaux encor mon prix,
Et quand il fait sombre,
Les plus beaux chats sont gris.

Il répète la reprise en dansant. FIGARO *derrière lui, imite ses mouvemens.*

Je ne suis point Tircis, etc.

(*Apercevant Figaro.*) Ah! entrez, monsieur le barbier, avancez, vous êtes charmant.

FIGARO, *salue.*

Monsieur, il est vrai que ma mère me l'a dit autrefois; mais je suis un peu déformé depuis ce temps-là. (*A part, au comte.*) Bravo, monseigneur.

Pendant toute cette scène, le comte fait tout ce qu'il peut pour parler à Rosine, mais l'œil inquiet et vigilant du tuteur l'en empêche toujours, ce qui forme un jeu muet de tous les acteurs, étranger au débat du docteur et de Figaro.

BARTHOLO.

Venez-vous purger encore, saigner, droguer, mettre sur le grabat toute la maison?

FIGARO.

Monsieur, il n'est pas tous les jours fête; mais sans compter les soins quotidiens, monsieur a pu voir que, lorsqu'ils en ont besoin, mon zèle n'attend pas qu'on lui commande.

BARTHOLO.

Votre zèle n'attend pas! que direz-vous, monsieur le zélé, à ce malheureux qui bâille et dort tout éveillé? et l'autre qui, depuis trois heures, éternue à se faire sauter le crâne et jaillir la cervelle! que leur direz-vous?

FIGARO.

Ce que je leur dirai?

BARTHOLO.

Oui!

FIGARO.

Je leur dirai... Eh parbleu, je dirai à celui qui éternue, Dieu vous bénisse: et va te coucher, à celui qui bâille. Ce n'est pas cela, monsieur, qui grossira le mémoire.

BARTHOLO.

Vraiment non; mais c'est la saignée et les médicamens qui le grossiraient si je voulais y entendre. Est-ce par zèle aussi que vous avez empaqueté les yeux de ma mule; et votre cataplasme lui rendra-t-il la vue?

FIGARO.

S'il ne lui rend pas la vue, ce n'est pas cela non plus qui l'empêchera d'y voir.

BARTHOLO.

Que je le trouve sur le mémoire!.... On n'est pas de cette extravagance-là.

FIGARO.

Ma foi, monsieur, les hommes n'ayant guère à choisir qu'entre la sottise et la folie, où je ne vois pas de profit, je veux au moins du plaisir; et vive la joie! Qui sait si le monde durera encore trois semaines!

BARTHOLO.

Vous feriez bien mieux, monsieur le raisonneur, de me payer mes cent écus et les intérêts, sans lanterner, je vous en avertis.

FIGARO.

Doutez-vous de ma probité, monsieur? Vos cent écus! j'aimerais mieux vous les devoir toute ma vie, que de les nier un seul instant.

BARTHOLO.

Et dites-moi un peu, comment la petite Figaro a trouvé les bonbons que vous lui avez portés?

FIGARO.

Quels bonbons? que voulez-vous dire?

BARTHOLO.

Oui, ces bonbons, dans ce cornet fait avec cette feuille de papier à lettre, ce matin.

FIGARO.

Diable emporte si . . . . .

ROSINE, *l'interrompant.*

Avez-vous eu soin au moins de lui donner de ma part, monsieur Figaro ? Je vous l'avais recommandé.

FIGARO.

Ah, ah ! Les bonbons de ce matin ? Que je suis bête ! moi ! j'avais perdu tout cela de vue . . . Oh ! excellens, madame, admirables.

BARTHOLO.

Excellens ! Admirables ! Oui, sans doute, monsieur le barbier, revenez sur vos pas ! Vous faites-là un joli métier, monsieur ?

FIGARO.

Qu'est-ce qu'il a donc, monsieur ?

BARTHOLO.

Et qui vous fera une belle réputation, monsieur ?

FIGARO.

Je la soutiendrai, monsieur.

BARTHOLO.

Dites que vous la supporterez, monsieur.

FIGARO.

Comme il vous plaira, monsieur.

BARTHOLO.

Vous le prenez bien haut, monsieur. Sachez que quand je dispute avec un fat, je ne lui cède jamais.

FIGARO *lui tourne le dos.*

Nous différons en cela, monsieur ; moi je lui cède toujours.

BARTHOLO.

Hein ? qu'est-ce qu'il dit donc, bachelier ?

FIGARO.

C'est que vous croyez avoir affaire à quelque barbier de village, et qui ne sait manier que le rasoir ? Apprenez, monsieur, que j'ai travaillé de la plume à Madrid, et que, sans les envieux . . . .

BARTHOLO.

Eh, que n'y restiez-vous, sans venir ici changer de profession ?

FIGARO.

On fait comme on peut ; mettez-vous à ma place.

BARTHOLO.

Me mettre à votre place ! Ah, parbleu, je dirais de belles sottises.

FIGARO.

Monsieur, vous ne commencez pas trop mal ; je m'en rapporte à votre confrère qui est là rêvassant . . .

LE COMTE, *revenant à lui.*

Je . . . je ne suis pas le confrère de monsieur.

FIGARO.

Non ? vous voyant ici à consulter, j'ai pensé que vous poursuiviez le même objet.

BARTHOLO, *en colère.*

Enfin, quel sujet vous amène ? Y a-t-il quelque lettre à remettre encore ce soir à madame ? Parlez, faut-il que je me retire ?

FIGARO.

Comme vous rudoyez le pauvre monde. Eh ! parbleu, monsieur, je viens vous raser ; voilà tout : n'est-ce pas aujourd'hui votre jour.

BARTHOLO.

Vous reviendrez tantôt.

FIGARO.

Ah, oui, revenir, toute la garnison prend médecine demain matin ; j'en ai obtenu l'entreprise par mes protections. Jugez donc comme j'ai du temps à perdre. Monsieur passe-t-il chez lui ?

BARTHOLO.

Non, monsieur ne passe point chez lui. Et mais ..... qui empêche qu'on ne me rase ici ?

ROSINE, *avec dédain.*

Vous êtes honnête, et pourquoi pas dans mon appartement ?

BARTHOLO.

Tu te fâches ? pardon, mon enfant, tu vas achever de prendre ta leçon ; c'est pour ne pas perdre un instant le plaisir de t'entendre.

FIGARO, *bas au comte.*

On ne le tirera pas d'ici. (*Haut.*) Allons, l'Eveillé. la Jeunesse ; le bassin, de l'eau, tout ce qu'il faut à monsieur.

BARTHOLO.

Sans doute, appelez-les. Fatigués, harrassés, moulus de votre façon, n'a-t-il pas fallu les faire coucher.

FIGARO.

Eh bien, j'irai tout chercher : n'est-ce pas dans votre chambre ? (*Bas au comte*) Je vais l'attirer dehors.

BARTHOLO *détache son trousseau de clefs et dit par réflexion.*

Non, non, j'y vais moi-même. (*Bas au comte, en s'en allant.*) Ayez les yeux sur eux, je vous prie.

SCÈNE V.

FIGARO, LE COMTE, ROSINE.

FIGARO.

Ah ! que nous l'avons manqué belle ! il allait me donner le

trousseau. La clef de la jalousie n'y est-elle pas ?

ROSINE.

C'est la plus neuve de toutes.

SCÈNE VI.

BARTHOLO, FIGARO, LE COMTE, ROSINE.

BARTHOLO, *revenant.*

(*A part.*) Bon ! je ne sais ce que je fais de laisser ici ce maudit barbier. (*A Figaro.*) Tenez. (*Il lui donne le trousseau.*) Dans mon cabinet, sous mon bureau : mais ne touchez à rien.

FIGARO

La peste ! il y ferait bon, méfiant comme vous êtes ! (*A part en s'en allant.*) Voyez comme le ciel protège l'innocence.

SCÈNE VII.

BARTHOLO, LE COMTE, ROSINE.

BARTHOLO, *bas au comte.*

C'est le drôle qui a porté la lettre au comte.

LE COMTE, *bas.*

Il m'a l'air d'un fripon.

BARTHOLO.

Il ne m'attrapera plus.

LE COMTE.

Je crois qu'à cet égard le plus fort est fait.

BARTHOLO.

Tout considéré, j'ai pensé qu'il était plus prudent de l'envoyer dans ma chambre, que de le laisser avec elle.

LE COMTE.

Ils n'auraient pas dit un mot que je n'eusse été en tiers.

ROSINE.

Il est bien poli, messieurs, de parler bas sans cesse ? Et ma leçon ?

Ici l'on entend un bruit, comme de la vaisselle renversée.

BARTHOLO, *criant.*

Qu'est-ce que j'entends donc ? Le cruel barbier aura tout laissé tomber par l'escalier, et les plus belles pièces de mon nécessaire ! . . . . (*Il court dehors.*)

SCÈNE VIII.

LE COMTE, ROSINE.

LE COMTE.

Profitons du moment que l'intelligence de Figaro nous ménage ! accordez-moi ce soir, je vous en conjure, madame, un moment d'entretien indispensable pour vous soustraire à l'esclavage où vous allez tomber.

ROSINE.

Ah, Lindor !

LE COMTE.

Je puis monter à votre jalousie; et quant à la lettre que j'ai reçu de vous ce matin, je me suis vu forcé....

SCÈNE IX.

ROSINE, BARTHOLO, FIGARO, LE COMTE.

BARTHOLO.

Je ne m'étais pas trompé; tout est brisé, fracassé.

FIGARO.

Voyez le grand malheur pour tant de train! on ne voit goutte sur l'escalier. (*Il montre la clef au comte.*) Moi, en montant, j'ai accroché une clef....

BARTHOLO.

On prend garde à ce qu'on fait. Accrocher une clef, l'habile homme!

FIGARO.

Ma foi, monsieur, cherchez-en un plus subtil.

SCÈNE X.

Les Précédens, DON BAZILE.

ROSINE, *effrayée, à part.*

Don Bazile!...

LE COMTE, *à part.*

Juste ciel!

FIGARO, *à part.*

C'est le diable!

BARTHOLO *va au-devant de lui.*

Ah! Bazile, mon ami, soyez le bien rétabli. Votre accident n'a donc point eu de suites? En vérité, le seigneur Alonzo m'avait fort effrayé sur votre état; demandez-lui, je partais pour vous aller voir, et s'il ne m'avait pas retenu.....

BAZILE, *étonné.*

Le seigneur Alonzo?...

FIGARO *frappe du pied.*

Eh quoi! toujours des accrocs? Deux heures pour une méchante barbe.... Chienne de pratique.

BAZILE, *regardant tout le monde.*

Me ferez-vous bien le plaisir de me dire, messieurs?...

FIGARO.

Vous lui parlerez quand je serai parti.

BAZILE.

Mais encore faudra-t-il....

LE COMTE.

Il faudrait vous taire, Bazile. Croyez-vous apprendre à monsieur quelque chose qu'il ignore? Je lui ai raconté que vous m'aviez chargé de venir donner une leçon de musique à votre place.

BAZILE, *plus étonné.*

La leçon de musique!... Alonzo!

ROSINE, *à part, à Bazile.*

Eh, taisez-vous.

BAZILE.

Elle aussi.

LE COMTE, *bas à Bartholo.*

Dites-lui donc tout bas que nous sommes convenus.

BARTHOLO, *à Bazile, à part.*

N'allez pas nous démentir, Bazile, en disant qu'il n'est pas votre élève; vous gâteriez tout.

BAZILE.

Ah! ah!

BARTHOLO, *haut.*

En vérité, Bazile, on n'a pas plus de talent que votre élève.

BAZILE, *stupéfait.*

Que mon élève!... (*bas.*) Je venais pour vous dire que le comte est déménagé.

BARTHOLO, *bas.*

Je le sais, taisez-vous.

BAZILE, *bas.*

Qui vous l'a dit?

BARTHOLO, *bas.*

Lui, apparemment.

LE COMTE, *bas.*

Moi, sans doute: écoutez seulement.

ROSINE, *bas à Bazile.*

Est-il si difficile de vous taire?

FIGARO, *bas à Bazile.*

Hum! grand escogrif. Il est sourd.

BAZILE, *à part.*

Qui diable est-ce donc qu'on trompe ici? Tout le monde est dans le secret!

BARTHOLO, *haut.*

Eh bien, Bazile, votre homme de loi?...

FIGARO.

Vous avez toute la soirée pour parler de l'homme de loi.

BARTHOLO, *à Bazile.*

Un mot; dites-moi seulement si vous êtes content de l'homme de loi?

BAZILE, *effaré.*

De l'homme de loi?

LE COMTE, *souriant.*

Vous ne l'avez pas vu, l'homme de loi ?

BAZILE, *impatienté.*

Eh! non, je ne l'ai pas vu, l'homme de loi.

LE COMTE, *à Bartholo, à part.*

Voulez-vous donc qu'il s'explique ici devant elle ? Renvoyez-le.

BARTHOLO, *bas au comte.*

Vous avez raison. (*à Bazile.*) Mais quel mal vous a donc pris si subitement ?

BAZILE, *en colère.*

Je ne vous entends pas.

LE COMTE, *lui met à part une bourse dans la main.*

Oui; monsieur vous demande ce que vous venez faire ici, dans l'état d'indisposition où vous êtes.

FIGARO.

Il est pâle comme un mort.

BAZILE.

Ah! je comprends.....

LE COMTE.

Allez vous coucher, mon cher Bazile : vous n'êtes pas bien, et vous nous faites mourir de frayeur. Allez vous coucher.

FIGARO.

Il a la physionomie toute renversée. Allez vous coucher.

BARTHOLO.

D'honneur, il sent la fièvre d'une lieue. Allez vous coucher.

ROSINE.

Pourquoi donc êtes-vous sorti ? On dit que cela se gagne. Allez vous coucher.

BAZILE, *au dernier étonnement.*

Que j'aille me coucher.

TOUS LES ACTEURS ENSEMBLE.

Eh ! sans doute.

BAZILE, *les regardant tous.*

En effet, messieurs, je crois que je ne ferai pas mal de me retirer ; je sens que je ne suis pas ici dans mon assiette ordinaire.

BARTHOLO.

A demain, toujours, si vous êtes mieux.

LE COMTE.

Bazile, je serai chez vous de très-bonne heure.

FIGARO.

Croyez-moi, tenez-vous bien chaudement dans votre lit.

ROSINE.

Bon soir, monsieur Bazile.

BAZILE, *à part.*

Diable emporte si j'y comprends rien, et sans cette bourse...

TOUS.

Bon soir, Bazile : bon soir.

BAZILE, *en s'en allant.*

Eh bien ! bon soir donc, bon soir.

(Ils l'accompagnent tous en riant.)

SCÈNE XI.

Les Précédens, *excepté* BAZILE.

BARTHOLO, *d'un ton important.*

Cet homme n'est pas bien du tout.

ROSINE.

Il a les yeux égarés.

LE COMTE.

Le grand air l'aura saisi.

FIGARO.

Avez-vous vu comme il parlait tout seul ? Ce que c'est que de nous. (*A Bartholo.*) Ah ça, vous décidez-vous cette fois ? (*Il lui pousse un fauteuil, très-loin du comte, et lui présente le linge.*)

LE COMTE.

Avant de finir, madame, je dois vous dire un mot essentiel au progrès de l'art que j'ai l'honneur de vous enseigner. (*Il s'approche, et lui parle bas à l'oreille.*)

BARTHOLO, *à Figaro.*

Eh mais ! il semble que vous le fassiez exprès de vous approcher et de vous mettre devant moi, pour m'empêcher de voir.

LE COMTE, *bas à Rosine.*

Nous avons la clef de la jalousie, et nous serons ici à minuit.

FIGARO *passe le linge au cou de Bartholo.*

Quoi voir ? si c'était une leçon de danse, on vous passerait d'y regarder ; mais du chant !... ahi, ahi.

BARTHOLO.

Qu'est-ce que c'est ?

FIGARO.

Je ne sais ce qui m'est entré dans l'œil. (*Il rapproche sa tête.*)

BARTHOLO.

Ne frottez donc pas.

FIGARO.

C'est le gauche. Voudriez-vous me faire le plaisir d'y souffler un peu fort ?

BARTHOLO *prend la tête de Figaro, regarde par dessus, le pousse violemment, et va derrière les amans écouter.*

LE COMTE, *bas à Rosine.*

Et quant à votre lettre, je me suis trouvé tantôt dans un tel embarras pour rester ici.

FIGARO, *de loin, pour avertir.*

Hem !... hem !...

LE COMTE.

Désolé de voir encore mon déguisement inutile. . . .

BARTHOLO, *passant entre eux deux.*

Votre déguisement inutile !

ROSINE, *effrayée.*

Ah !...

BARTHOLO.

Fort bien, madame, ne vous gênez pas. Comment, sous mes yeux même, en ma présence, on m'ose outrager de la sorte !

LE COMTE.

Qu'avez-vous donc, seigneur ?

BARTHOLO.

Perfide Alonzo !

LE COMTE.

Seigneur Bartholo, si vous avez souvent des lubies comme celle dont le hasard me rend témoin, je ne suis plus étonné de l'éloignement que mademoiselle a pour devenir votre femme.

ROSINE.

Sa femme ! moi ! Passer mes jours auprès d'un vieux jaloux, qui, pour tout bonheur, offre à ma jeunesse un esclavage abominable !

BARTHOLO.

Ah ! qu'est-ce que j'entends ?

ROSINE.

Oui, je le dis tout haut : je donnerai mon cœur et ma main à celui qui pourra m'arracher de cette horrible prison, où ma personne et mon bien sont retenus contre toute justice.

SCÈNE XII.

BARTHOLO, FIGARO, LE COMTE.

BARTHOLO.

La colère me suffoque.

LE COMTE.

En effet, seigneur, il est difficile qu'une jeune femme.

FIGARO.

Oui, une jeune femme, et un grand âge ; voilà ce qui trouble la tête d'un vieillard.

BARTHOLO.

Comment ! lorsque je les prends sur le fait. Maudit barbier ! il me prend des envies. . . .

FIGARO.

Je me retire, il est fou.

LE COMTE.

Et moi aussi ; d'honneur il est fou.

FIGARO.

Il est fou, il est fou. . . (*Ils sortent.*)

BARTHOLO *seul, les poursuit.*

Je suis fou, infâmes suborneurs! Émissaires du diable.... dont vous faites ici l'office; et qu'il puisse vous emporter tous.. Je suis fou.... je les ai vus comme je vois ce pupitre.... et me soutenir effrontément !.... Ah, il n'y a que Bazile qui puisse m'expliquer ceci. Oui, envoyons-le chercher. Holà, quelqu'un.... Ah! j'oublie que je n'ai personne.... Un voisin, le premier venu, n'importe; il y a de quoi perdre l'esprit; il y a de quoi perdre l'esprit.

Fin du troisième Acte.

ACTE IV.

Le théâtre s'obscurcit : on entend un bruit d'orage.

SCÈNE PREMIÈRE.

BARTHOLO, BAZILE, *une lanterne de papier à la main.*

BARTHOLO.

Comment, Bazile, vous ne le connaissez pas ; ce que vous dites est-il possible ?

BAZILE.

Vous m'interrogeriez cent fois que je vous ferais toujours la même réponse. S'il vous a remis la lettre de Rosine, c'est sans doute un des émissaires du comte. Mais, à la magnificence du présent qu'il m'a fait, il se pourrait que ce fût le comte lui-même.

BARTHOLO.

Quelle apparence ? Mais à propos de ce présent; eh! pourquoi l'avez-vous reçu ?

BAZILE.

Vous aviez l'air d'accord; je n'y entendais rien ; et dans les cas difficiles à juger, une bourse d'or me paraît toujours un argument sans réplique. Et puis, comme dit le proverbe, ce qui est bon à prendre ....

BARTHOLO.

J'entends, est bon .....

BAZILE.

A garder.

BARTHOLO, *surpris.*

Ah, ah.

BAZILE.

Oui, j'ai arrangé comme cela plusieurs petits proverbes avec des variations. Mais allons au fait ; à quoi vous arrêtez-vous ?

BARTHOLO.

En ma place, Bazile, ne feriez-vous pas les derniers efforts pour la posséder ?

BAZILE.

Ma foi non, docteur. En toute espèce de biens, posséder est peu de chose ; c'est jouir qui rend heureux. Mon avis est, qu'épouser une femme dont on n'est point aimé, c'est s'exposer.

BARTHOLO.

Vous craindriez les accidens ?

BAZILE.

Hé, hé, monsieur, on en voit beaucoup cette année. Je ne ferais point violence à son cœur.

BARTHOLO.

Votre valet, Bazile. Il vaut mieux qu'elle pleure de m'avoir, que moi je meure de ne l'avoir pas.

BAZILE.

Il y va de la vie? Epousez, docteur, épousez.

BARTHOLO.

Aussi ferai-je, et cette nuit même.

BAZILE.

Adieu donc. — Souvenez-vous, en parlant à la pupille, de les rendre tous plus noirs que l'enfer.

BARTHOLO.

Vous avez raison.

BAZILE.

La calomnie, docteur, la calomnie; il faut toujours en venir là.

BARTHOLO.

Voici la lettre de Rosine que cet Alonzo m'a remise, et il m'a montré, sans le vouloir, l'usage que j'en dois faire auprès d'elle.

BAZILE.

Adieu ; nous serons tous ici à quatre heures.

BARTHOLO.

Pourquoi pas plutôt ?

BAZILE.

Impossible ; le notaire est retenu.

BARTHOLO.

Pour un mariage ?

BAZILE.

Oui, chez le barbier Figaro ; c'est sa nièce qu'il marie.

BARTHOLO.

Sa nièce ? il n'en a pas.

BAZILE.

Voilà ce qu'ils ont dit au notaire.

BARTHOLO.

Ce drôle est du complot ; que diable !

BAZILE.

Est-ce que vous penseriez ? . . .

BARTHOLO.

Ma foi, ces gens-là sont si alertes. Tenez, mon ami, je ne

suis pas tranquille ; retournez chez le notaire, qu'il vienne ici sur-le-champ avec vous.

BAZILE.

Il pleut, il fait un temps du diable ; mais rien ne m'arrête pour vous servir. Que faites-vous donc ?

BARTHOLO.

Je vous reconduis; n'ont-il pas fait estropier tout mon monde par ce Figaro. Je suis seul ici.

BAZILE.

J'ai ma lanterne.

BARTHOLO.

Tenez, Bazile, voilà mon passe-par-tout, je vous attends, je veille ; et vienne qui voudra, hors le notaire et vous, personne n'entrera de la nuit.

BAZILE.

Avec ces précautions, vous êtes sûr de votre fait.

SCÈNE II.

ROSINE, *seule, sortant de sa chambre.*

Il me semblait avoir entendu parler. Il est minuit sonné ; Lindor ne vient point! Ce mauvais temps même était propre à le favoriser. Sûr de ne rencontrer personne... Ah! Lindor, si vous m'aviez trompée!.. Quel bruit entends-je ?.. Dieux ! c'est mon tuteur. Rentrons.

SCÈNE III.

ROSINE, BARTHOLO.

BARTHOLO, *tenant de la lumière.*

Ah! Rosine, puisque vous n'êtes pas encore entrée dans votre appartement....

ROSINE.

Je vais me retirer.

BARTHOLO.

Par le temps affreux qu'il fait, vous ne reposerez pas, et j'ai des choses très-pressées à vous dire.

ROSINE.

Que me voulez-vous, monsieur ? n'est-ce donc pas assez d'être tourmentée le jour ?

BARTHOLO.

Rosine, écoutez-moi.

ROSINE.

Demain, je vous entendrai.

BARTHOLO.

Un moment, de grâce.

ROSINE, *à part.*

S'il allait venir.

BARTHOLO, *lui montre sa lettre.*

Connaissez-vous cette lettre ?

ROSINE *la reconnaît.*

Ah ! grands Dieux ! . . .

BARTHOLO.

Mon intention, Rosine, n'est point de vous faire des reproches; à votre âge on peut s'égarer; mais je suis votre ami; écoutez-moi.

ROSINE.

Je n'en puis plus.

BARTHOLO.

Cette lettre que vous avez écrite au comte Almaviva . . .

ROSINE, *étonnée.*

Au comte Almaviva !

BARTHOLO.

Voyez quel homme affreux est ce comte; aussitôt qu'il l'a reçue, il en a fait trophée; je la tiens d'une femme à qui il l'a sacrifiée.

ROSINE.

Le comte Almaviva ! . .

BARTHOLO.

Vous avez peine à vous persuader cette horreur. L'inexpérience, Rosine, rend votre sexe confiant et crédule; mais apprenez dans quel piège on vous attirait. Cette femme m'a fait donner avis de tout, apparemment pour écarter une rivale aussi dangereuse que vous. J'en frémis! le plus abominable complot, entre Almaviva, Figaro et cet Alonzo, cet élève supposé de Bazile qui porte un autre nom, et n'est que le vil agent du comte, allait vous entraîner dans un abîme, dont rien n'eût pu vous tirer.

ROSINE, *accablée.*

Quelle horreur! quoi Lindor? quoi! ce jeune homme!...

BARTHOLO, *à part.*

Ah! c'est Lindor.

ROSINE.

C'est pour le comte Almaviva... C'est pour un autre...

BARTHOLO.

Voilà ce qu'on m'a dit, en me remettant votre lettre.

ROSINE, *outrée.*

Ah! quelle indignité ! . . Il en sera puni. — Monsieur, vous avez desiré de m'épouser ?

BARTHOLO.

Tu connais la vivacité de mes sentimens.

ROSINE.

S'il peut vous en rester encore, je suis à vous.

BARTHOLO.

Eh bien ! le notaire viendra cette nuit même.

ROSINE.

Ce n'est pas tout ; ô ciel ! suis-je assez humiliée ... Apprenez que dans peu le perfide ose entrer par cette jalousie, dont ils ont eu l'art de vous dérober la clé.

BARTHOLO, *regardant au trousseau.*

Ah ! les scélérats ! Mon enfant, je ne te quitte plus.

ROSINE, *avec effroi.*

Ah ! Monsieur, et s'ils sont armés ?

BARTHOLO.

Tu as raison ; je perdrais ma vengeance. Monte chez Marceline ; enferme-toi chez elle à double tour. Je vais chercher main-forte, et l'attendre auprès de la maison. Arrêté comme voleur, nous aurons le plaisir d'en être à-la-fois vengés et délivrés ! Et compte que mon amour te dédommagera . . . .

ROSINE, *au désespoir.*

Oubliez seulement mon erreur. (*A part.*) Ah ! je m'en punis assez ?

BARTHOLO, *s'en allant.*

Allons nous embusquer. A la fin, je la tiens. (*Il sort.*)

SCÈNE IV.

ROSINE, *seule.*

Son amour me dédommagera... Malheureuse !... (*Elle tire son mouchoir, et s'abandonne aux larmes.*) Que faire ? . . Il va venir. Je veux rester, et feindre avec lui, pour le contempler un moment dans toute sa noirceur. La bassesse de son procédé sera mon préservatif. Ah, j'en ai grand besoin. Figure noble, air doux, une voix si tendre ... et ce n'est que le vil agent d'un corrupteur ! Ah ! malheureuse ! malheureuse ! . . . . Ciel ! on ouvre la jalousie.

(*Elle se sauve.*)

SCÈNE V.

LE COMTE, FIGARO, *envéloppé d'un manteau.*

FIGARO, *parle en dehors.*

Quelqu'un s'enfuit, entrerai-je !

LE COMTE, *en dehors.*

Un homme ?

FIGARO.

Non.

LE COMTE.

C'est Rosine, que ta figure atroce aura mise en fuite.

FIGARO, *saute dans la chambre.*

Ma foi, je le crois.... Nous voici enfin arrivés, malgré la pluie, la foudre et les éclairs.

LE COMTE, *enveloppé d'un long manteau.*

Donne-moi la main. (*Il saute à son tour.*) A nous la victire.

FIGARO, *jette son manteau.*

Nous sommes tout percés. Charmant temps, pour aller en bonne fortune. Monseigneur, comment trouvez-vous cette nuit.

LE COMTE.

Superbe pour un amant.

FIGARO.

Oui, mais pour un confident ?.... Et si quelqu'un allait nous surprendre ici ?

LE COMTE.

N'es-tu pas avec moi ? J'ai bien une autre inquiétude c'est de la déterminer à quitter sur-le-champ la maison du tutéur.

FIGARO.

Vous avez pour vous, trois passions toutes puissantes sur le beau sexe ; l'amour, la haine et la crainte.

LE COMTE *regarde dans l'obscurité.*

Comment lui annoncer brusquement que le notaire l'attend chez toi, pour nous unir ? Elle trouvera mon projet bien hardi. Elle va me nommer audacieux.

FIGARO.

Si elle vous nomme audacieux, vous l'appellerez cruelle. Les femmes aiment beaucoup qu'on les appelle cruelles. Au surplus, si son amour est tel que vous le desirez, vous lui direz qui vous êtes ; elle ne doutera plus de vos sentimens.

SCÈNE VI.

LE COMTE, ROSINE, FIGARO.

LE COMTE.

La voici. — Ma belle Rosine ?

ROSINE, *d'un ton très-composé.*

Je commençais, monsieur, à craindre que vous ne vinssiez pas.

LE COMTE

Charmante inquiétude. . . . Mademoiselle, il ne me convient point d'abuser des circonstances pour vous proposer de partager le sort d'un infortuné ; mais quelqu'asile que vous choisissiez, je jure sur mon honneur....

ROSINE.

Monsieur, si le don de ma main n'avait pas dû suivre à l'instant celui de mon cœur, vous ne seriez pas ici. Que la nécessité justifie à vos yeux ce que cette entrevue a d'irrégulier.

LE COMTE.

Vous, Rosine! la compagne d'un malheureux sans fortune, sans naissance....

ROSINE.

La naissance, la fortune : laissons-là les jeux du hasard; et si vous m'assurez que vos intentions sont pures...

LE COMTE, *à ses pieds.*

Ah, Rosine, je vous adore!

ROSINE, *indignée.*

Arrêtez, malheureux! vous osez profaner... Tu m'adores! Va, tu n'es plus dangereux pour moi; j'attendais ce mot pour te détester. Mais avant de t'abandonner au remords qui t'attend, (*en pleurant*) apprends que je t'aimais; apprends que je faisais mon bonheur de partager ton mauvais sort. Misérable Lindor, j'allais tout quitter pour te suivre. Mais le lâche abus que tu as fait de mes bontés, et l'indignité de cet affreux comte Almaviva, à qui tu me vendais, ont fait rentrer dans mes mains ce témoignage de ma faiblesse. Connais-tu cette lettre?

LE COMTE, *vivement.*

Que votre tuteur vous a remise?

ROSINE, *fièrement.*

Oui, je lui en ai l'obligation.

LE COMTE.

Dieux, que je suis heureux! Il la tient de moi. Dans mon embarras, hier, je m'en suis servi pour arracher sa confiance; et je n'ai pu trouver l'instant de vous en informer. Ah! Rosine, il est donc vrai que vous m'aimez véritablement.

FIGARO.

Monseigneur, vous cherchiez une femme qui vous aimât pour vous-même...

ROSINE.

Monseigneur, que dit-il?

LE COMTE, *jetant son large manteau, paraît en habit magnifique.*

O la plus aimée des femmes! il n'est plus temps de vous abuser : l'heureux homme que vous voyez à vos pieds, n'est point Lindor; je suis le comte Almaviva, qui meurt d'amour, et vous cherche en vain depuis six mois.

ROSINE *tombe dans les bras du comte.*

Ah!

LE COMTE, *effrayé.*

Figaro?

FIGARO.

Point d'inquiétude, monseigneur; la douce émotion de la joie n'a jamais de suites fâcheuses; la voilà, la voilà qui reprend ses sens. Morbleu qu'elle est belle!

ROSINE.

Ah Lindor !... Ah monsieur ! que je suis coupable ! j'allais me donner cette nuit même à mon tuteur.

LE COMTE.

Vous, Rosine !

ROSINE.

Ne voyez que ma punition ! J'aurais passé ma vie à vous détester. Ah Lindor ! le plus affreux supplice n'est-il pas de haïr, quand on sent qu'on est faite pour aimer.

FIGARO *regarde à la fenêtre.*

Monseigneur, le retour est fermé ; l'échelle est enlevée.

LE COMTE.

Enlevée !

ROSINE, *troublée.*

Oui, c'est moi....! c'est le docteur. Voilà le fruit de ma crédulité. Il m'a trompée ; j'ai tout avoué, tout trahi ; il sait que vous êtes ici ; il va venir avec main forte.

FIGARO *regarde encore.*

Monseigneur, on ouvre la porte de la rue.

ROSINE, *courant dans les bras du comte avec frayeur.*

Ah ! Lindor !

LE COMTE, *avec fermeté.*

Rosine, vous m'aimez ! je ne crains personne, et vous serez ma femme. J'aurai donc le plaisir de punir à mon gré cet odieux vieillard !...

ROSINE.

Non, non, grâce pour lui, cher Lindor ! mon cœur est si plein, que la vengeance ne peut y trouver place.

SCÈNE VII.

LES PRÉCÉDENS, LE NOTAIRE, BAZILE.

FIGARO.

Monseigneur, c'est notre notaire.

LE COMTE.

Et l'ami Bazile avec lui.

BAZILE.

Ah ! qu'est-ce que j'aperçois ?

FIGARO.

Eh ! par quel hasard, notre ami ?....

BAZILE.

Par quel accident, messieurs ?...

LE NOTAIRE.

Sont-ce là les futurs conjoints ?

LE COMTE.

Oui, monsieur. Vous deviez unir la signora Rosine et moi cette nuit, chez le barbier Figaro ; mais nous avons préféré cette maison, pour des raisons que vous saurez. Avez-vous notre contrat ?

LE NOTAIRE.

J'ai donc l'honneur de parler à son excellence monsieur le comte Almaviva.

FIGARO.

Précisément.

BAZILE, *à part.*

Si c'est pour cela qu'il m'a donné le passe-partout....

LE NOTAIRE.

C'est que j'ai deux contrats de mariage, monseigneur; ne confondons point : voici le vôtre; et c'est ici celui du seigneur Bartholo, avec la signora... Rosine aussi? Les demoiselles apparemment sont deux sœurs qui portent le même nom?

LE COMTE.

Signons toujours. Don Bazile voudra bien nous servir de second témoin. (*Ils signent.*)

BAZILE.

Mais, votre excellence, je ne comprends pas....

LE COMTE.

Mon maître Bazile, un rien vous embarrasse, et tout vous étonne.

BAZILE.

Monseigneur, mais si le docteur....

LE COMTE *lui jetant une bourse.*

Vous faites l'enfant! signez donc vite.

BAZILE, *étonné.*

Ah, ah!...

FIGARO.

Où est donc la difficulté de signer?

BAZILE, *pesant la bourse.*

Il n'y en a plus; mais c'est que moi, quand j'ai donné ma parole une fois, il faut des motifs d'un grand poids.

(*Il signe.*)

SCÈNE VIII.

LES PRÉCÉDENS, BARTHOLO, UN ALCADE, DES ALGUASILS, DES VALETS *avec des flambeaux.*

BARTHOLO *voit le comte baiser la main de Rosine.*

Rosine avec ces fripons, arrêtez tout le monde. J'en tiens un au collet.

LE NOTAIRE.

C'est votre notaire.

BAZILE.

C'est votre notaire, vous moquez-vous?

BARTHOLO.

Ah, don Bazile, eh! comment êtes-vous ici?

BAZILE.

Mais plutôt vous, comment n'y êtes-vous pas ?

L'ALCADE, *montrant Figaro.*

Un moment; je connais celui-ci. Que viens-tu faire en cette maison à des heures indues ?

FIGARO.

Heure indue ? Monsieur voit bien qu'il est aussi près du matin que du soir. D'ailleurs je suis de la compagnie de son excellence monseigneur le comte Almaviva.

BARTHOLO.

Almaviva !

L'ALCADE.

Ce ne sont pas des voleurs ?

BARTHOLO.

Laissons cela. — Par-tout ailleurs, monsieur le comte, je suis le serviteur de votre excellence; mais vous sentez que la supériorité du rang est ici sans force. Ayez, s'il vous plaît, la bonté de vous retirer.

LE COMTE.

Oui, le rang doit être ici sans force; mais ce qui en a beaucoup, est la préférence que mademoiselle vient de m'accorder sur vous, en se donnant à moi volontairement.

BARTHOLO.

Que dit-il, Rosine ?

ROSINE.

Il dit vrai. D'où naît votre étonnement ? Ne devais-je pas cette nuit même être vengée d'un trompeur ? je le suis.

BAZILE.

Quand je vous disais que c'était le comte lui-même, docteur !

BARTHOLO.

Que m'importe à moi ? Plaisant mariage ! où sont les témoins ?

LE NOTAIRE.

Il n'y manque rien. Je suis assisté de ces deux messieurs.

BARTHOLO.

Comment, Bazile ! vous avez signé ?

BAZILE.

Que voulez-vous ? ce diable d'homme a toujours ses poches pleines d'argumens irrésistibles.

BARTHOLO.

Je me moque de ses argumens. J'userai de mon autorité.

LE COMTE.

Vous l'avez perdue en en abusant.

BARTHOLO.

La demoiselle est mineure.

FIGARO.

Elle vient de s'émanciper.

BARTHOLO.

Qui te parle à toi, maître fripon ?

LE COMTE.

Mademoiselle est noble et belle ; je suis homme de qualité, jeune et riche; elle est ma femme ; à ce titre qui nous honore également, prétend-on me la disputer ?

BARTHOLO.

Jamais on ne l'ôtera de mes mains.

LE COMTE.

Elle n'est plus en votre pouvoir. Je la mets sous l'autorité des lois ; et monsieur que vous avez amené vous-même, la protègera contre la violence que vous voulez lui faire. Les vrais magistrats sont les soutiens de tous ceux qu'on opprime.

L'ALCADE.

Certainement. Et cette inutile résistance au plus honorable mariage, indique assez sa frayeur sur la mauvaise administration des biens de sa pupille, dont il faudra qu'il rende compte.

LE COMTE.

Ah ! qu'il consente à tout, et je ne lui demande rien.

FIGARO.

Que la quittance de mes cent écus : ne perdons pas la tête.

BARTHOLO, *irrité.*

Ils étaient tous contre moi; je me suis fourré la tête dans un guèpier.

BAZILE.

Quel guêpier ! Ne pouvant avoir la femme; calculez, docteur, que l'argent vous reste, et oui vous reste.

BARTHOLO.

Eh ! laissez-moi donc en repos, Bazile ! Vous ne songez qu'à l'argent. Je me soucie bien de l'argent, moi ! A la bonne heure, je le garde ; mais croyez-vous que ce soit le motif qui me détermine ? (*Il signe.*)

FIGARO, *riant.*

Ah, ah, ah ! monseigneur ; ils sont de la même famille.

LE NOTAIRE.

Mais, messieurs, je n'y comprends plus rien. Est-ce qu'elles ne sont pas deux demoiselles qui portent le même nom ?

FIGARO.

Non, monsieur, elles ne sont qu'une.

BARTHOLO, *se désolant.*

Et moi qui leur ai enlevé l'échelle, pour que le mariage fût plus sûr ! Ah ! je me suis perdu faute de soins.

FIGARO.

Faute de sens. Mais soyons vrais, docteur ; quand la jeunesse et l'amour sont d'accord pour tromper un vieillard ; tout ce qu'il fait pour l'empêcher, peut bien s'appeler à bon droit *la Précaution inutile.*

De l'Imprimerie de LANOE, rue de la Harpe.

www.ingramcontent.com/pod-product-compliance
Lightning Source LLC
LaVergne TN
LVHW010622110826
845149LV00003B/1017

* 9 7 8 2 0 1 1 8 5 8 9 4 8 *